Jim George

Auf zum Gipfel

Auf zum Gipfel

Das Abenteuer eines JungenLebens mit Gott

Jim George

CMV

Published by Harvest House Publishers
Eugene, Oregon 97402
www.harvesthousepublishers.com

CMV-Bestellnummer: 30835
ISBN: 978-3-932308-35-2

2. Auflage 2015

Autor: Jim George

Übersetzung: CMV
Satz und Titelgrafik: CMV
Printed in Germany

Inhaltsverzeichnis

Das Abenteuer eines

Ein Brief für dich persönlich

Lieber Freund,
ich liebe Abenteuer – jeder Art! Und da wir beide uns gerade in ein gemeinsames Abenteuer stürzen wollen, muss ich da an ein ganz bestimmtes „extremes Abenteuer" denken. Es passt zu dem Ziel dieses Buches – ein Mann nach Gottes Herzen zu werden.

Ich weiß nicht, wie oft ich ihn aus der Luft gesehen und vom Boden aus bewundert habe, aber der Diamond Head fasziniert mich jedes Mal neu. Das ist ein erloschener Vulkan, der einen zerklüfteten, unverwechselbaren Landstreifen am Südende des Waikiki-Strandes auf der Insel Oahu bildet. Als ich diese tropische Insel das letzte Mal besuchte, forderte mich mein Schwiegersohn (auch ein extremer Abenteurer) heraus, den Diamond Head nicht nur anzuschauen, sondern auch zu erklimmen!

Und so zog ich mit Paul los. Es wurde ein extremes Abenteuer. Wir kletterten Stück um Stück und zogen uns an den Felsen hoch. Es kostete uns viel Kraft und Anstrengung bis wir die Spitze endlich erreichten – aber eins sage ich dir: Die Mühe hat sich gelohnt! Die ganze Insel lag zu unseren Füßen und dieser Ausblick belohnte jede Anstrengung. Es war unbeschreiblich schön, dort angekommen zu sein und diese Aussicht zu genießen.

Geht es uns nicht mit jeder Bergspitze oder alten Burgruine ähnlich? Es ist nicht einfach, hoch zu kommen, doch das Ziel ist die Mühe wert. Aber das Tragische ist, dass viele junge Männer gar nicht wissen, was für einen atemberaubenden Ausblick man von der Spitze aus genießen kann (und ich rede nicht mehr von Bergspitzen!). Warum wissen sie das nicht? Weil sie noch nie einen „Berg“ bis zur Spitze erklommen haben. Sie klettern ein wenig irgendwo herum, sie bleiben stehen oder lassen sich ablenken, sie stolpern und fallen. Und sie stehen nicht auf, sie fangen nicht wieder von vorne an, weil die Bergtour für sie zu anstrengend ist.

Aber, mein junger Freund, das ist nicht das, was ich dir wünsche. Nein, ich möchte, dass du den Berg – der „Leben“ heißt – bis zur Spitze erklimmst und dort oben merkst, dass alle Mühe sich gelohnt hat. Um dir dabei zu helfen, habe ich dieses Buch geschrieben.

Ich hoffe sehr, dass dieses Buch dir hilft, beim Aufstieg so manchen Fehler zu vermeiden, den ich und viele andere junge Männer auf ihrer Bergtour gemacht haben. Warum mir das wichtig ist? Weil diese Fehler dich um viele kostbare Jahre bringen können! Du würdest bei deinem Vorhaben, ein Mann nach dem Herzen Gottes zu werden, wertvolle Zeit verlieren – oder das Ziel überhaupt nicht erreichen.

In diesem Buch möchte ich dir klar und verständlich zeigen, welche Prioritäten Gott dir vorgibt, wenn du die Bergtour zur wahren Lebensgröße beginnst. Wenn du Gottes Prioritäten zu deinen eigenen machst, bist du für diese Bergtour gut gerüstet.

Um dir eine klarere Sicht auf das Ziel zu geben, habe ich am Ende jedes Kapitels noch etwas Hilfsmaterial angehängt. In „Schwere Entscheidungen für heute“ findest du eine Liste von wichtigen Fragen bezüglich der im Kapitel genannten Prioritäten. „Die Messerklinge"-Aufgaben sind dazu gedacht, dich mit deiner Bibel vertrauter zu machen, damit sich die Prioritäten Gottes für dein Leben besser einprägen. Natürlich kannst du diese Fragen und Aufgaben einfach überspringen, doch das würde ich auf keinen Fall empfehlen! Nimm dir Zeit und mach gib dir Mühe, die Fragen gründlich zu durchdenken und die Aufgaben zu erledigen. Du wirst dadurch ganz praktisch lernen, was für einen jungen Mann, der Gott kennen und nachfolgen möchte, sehr wichtig ist.

Und nun komm! Wir wollen erfahren, wie Gott sich einen „jungen Mann nach dem Herzen Gottes" vorstellt. Die Reise wird aufregend sein. Nimm die Herausforderung an – du wirst nicht mehr derselbe bleiben!

Dein Weggefährte
Jim George

Teil 1: Das Abenteuer beginnt

Kapitel 1

Was ist dein Herzenswunsch?

„Ich habe David gefunden, den Sohn des Isai, einen Mann nach meinem Herzen, der allen meinen Willen tun wird." (Apostelgeschichte 13,22)

Als ich zwölf war, fuhr ich mit meinen Eltern zu unserem ersten (und einzigen) Familienurlaub. Wir verließen meinen Heimatort in Oklahoma und fuhren durch Dodge City in Kansas in Richtung Colorado. Unterwegs machten wir in einer historischen Western-Stadt Halt und besuchten den berühmten Friedhof Boot Hill. Auf diesem Friedhof liegen viele berühmte Verbrecher begraben.

Bis heute erinnere ich mich an einen Grabstein mit einer Inschrift, die etwa so lautete: *„Hier liegt der alte Joe. Er starb mit Stiefeln an den Füßen."* Tatsächlich steckten am Fußende des Grabes zwei Stiefel aus der Erde heraus! Erst später erfuhr ich, dass der „alte Joe" eigentlich ganz woanders beerdigt wurde. Und noch viel später erfuhr ich, dass diese Worte auf den Grabsteinen einen besonderen Namen haben: Man nennt sie „Epitaphe", was etwa so viel wie ein kurzer Tribut an die verstorbene Person ist.

Seit diesem unvergesslichen Besuch in Boot Hill habe ich weitere Epitaphe gesammelt. Auf dem antiken Grab eines Griechen fand man die Worte: *„Ich war nicht, ich war, ich bin nicht, es kümmert mich nicht."* Und auf einem anderen: „Iss, trink, spiel und komm hierher." Auf dem Grab eines 85-jährigen Wissenschaftlers steht: *„Er starb beim Lernen."*

Die meisten Epitaphe oder Grabinschriften werden erst nach dem Tod der Person verfasst, doch ein berühmter amerikanischer Staatsmann, Benjamin Franklin, hat sich seine Grabinschrift bereits mit 23 Jahren selbst formuliert (er starb mit 84 Jahren): *„Hier ruht der Körper des Buchdruckers Benjamin Franklin, den Würmern zur Nahrung wie der Deckel eines alten Buches ohne Inhalt, ohne Titel und Vergoldung. Das Werk selbst jedoch ist nicht verlorengegangen, sondern wird – wie er glaubte – neu aufgelegt in einer edleren Ausgabe, durchgesehen und verbessert vom Verfasser."*

Es gibt auch so manche humorvolle Grabinschrift, wie z.B.: *„Amtmann Isengrimm, wog 500 Pfund, sonst weiß man nichts von ihm."*

Auf der anderen Seite findet man auch gehässige Epitaphe, wie zum Beispiel dieses auf dem Grab eines Pfarrers: *„Er starb zum größten Leidwesen seiner Gemeinde eines seligen Todes."*

Manche Grabinschrift soll zum Nachdenken bewegen: *„O Wanderer, stehe stille hier, was du jetzt bist, das waren wir. Was wir jetzt sind, wirst du einst sein, uns nachzufolgen rüst' dich fein."*

Zu diesen Zeilen fügte jemand hinzu: „Euch nachzufolgen mag mir erst belieben, wenn ich weiß, wohin ihr euch begeben!"

Doch die schönste und inspirierendste aller Grabinschriften finden wir in der Bibel. Es ist ein Tribut an den König David, einen der bekanntesten Männer des Alten

Testaments. Von ihm schreibt Gott selbst (und zwar etwa 1000 Jahre nach seinem Tod!): *„Ich habe David gefunden, den Sohn des Isai, einen Mann nach meinem Herzen, der allen meinen Willen tun wird."* (aus Apostelgeschichte 13,22)

Was kennzeichnet einen „Mann nach dem Herzen Gottes"?

Das Leben Davids zu studieren ist faszinierend. Es war ein Leben voll von extremen Abenteuern. Als junger Mann – vielleicht war er so alt wie du jetzt – tötete er den Riesen Goliath. Als er die Schafe seines Vaters hütete, musste er es mit Löwen und Bären aufnehmen und war siegreich. Seine Geschichte ist eine der größten „Vom Tellerwäscher zum Millionär"-Erzählungen. David begann seine Laufbahn als Hirtenjunge und beendete sie als König. Er wurde ein großer Kriegsmann und verwandelte die kleine Nation Israel in ein mächtiges Königreich, dem während des 10. Jahrhunderts vor Christus der größte Teil des mittleren Ostens unterworfen war.

Doch der größte Ruhm, den David haben konnte, findet sich in Gottes Worten wieder: „ein Mann nach meinem Herzen".

Ich weiß nicht, wie es dir geht, aber ich finde diesen Tribut doch sehr sonderbar. Gott spricht darin seine Anerkennung gegenüber dem Herzen und Leben Davids aus. Das verwundert mich sehr, denn Davids Handlungen waren Gott nicht immer und nicht alle wohlgefällig! Zum Beispiel:

- David war ein Krieger, der „viel Blut vergossen" hat (1. Chr. 22,8).
- David brach die Ehe mit Batseba (2. Sam. 11,4) und

– um seine Sünde zu vertuschen – sorgte dafür, dass ihr Mann auf dem Schlachtfeld in eine gefährliche Position kam und getötet wurde (2. Sam. 11,5-17).

- David hatte viele Frauen (2. Sam. 3,1-5).
- David war als Vater sehr nachlässig in der Erziehung seiner Kinder. Seine Familie hatte sehr darunter gelitten (2. Sam. 13,15-18.28-29; 18,33).
- In seinem Stolz ließ David – entgegen der Anordnung Gottes – seine Truppen zählen. Die Folge? 70.000 Leute starben an einer Plage (2. Sam. 24,10.15).

Und doch sagt Gott: *„ich habe David gefunden, [...] einen Mann nach meinem Herzen."* Wie geht das? Wie kann Gott solch einen Mann derart auszeichnen?

Ja, David fiel in manch eine Sünde, die uns vielleicht so schlimm erscheint, dass wir denken, wir würden so etwas nie tun! Doch wenn wir sein ganzes Leben betrachten, merken wir, dass er vor Gott gerecht leben wollte. Er liebte Gott und es war sein Herzenswunsch, Gottes Willen zu tun.

Und weißt du was? Nach solchen Männern sucht Gott auch heute! Er erwartet nicht Perfektion – das können wir am Leben Davids ganz klar erkennen! Trotz all seiner Fehler konnte Gott in Davids Herz schauen und sagen, dass er ein Mann nach seinem Herzen war – ein Mann, der den aufrichtigen Wunsch hatte, den Willen Gottes zu tun.

Das, mein lieber Freund, ist Gottes Gnade! Es kann keine andere Erklärung geben. Durch seine Taten hat David den Segen Gottes nicht verdient. Aber in seinem Herzen hatte David den richtigen Wunsch, das richtige Verlangen. Er sehnte sich danach, mit Gott zu leben und ihm zu gefallen, auch wenn er manchmal stolperte und fiel.

Was kennzeichnet dein Herz?

Das führt uns zu einer sehr wichtigen Frage: Willst du ein Mann nach dem Herzen Gottes sein? Oder, anders ausgedrückt, ist es dein Herzenswunsch, Gott nachzufolgen und seinen Willen zu tun?

Vielleicht denkst du, das sei gar nicht möglich. Wenn dem so ist, bist du nicht der Einzige. Wenn es dir so geht wie mir, neigst du eher dazu, in deinem geistlichen Leben mit Gott drei Schritte nach vorn und dann wieder zwei Schritte zurück zu gehen. Ein Mann nach dem Herzen Gottes zu werden erscheint dir als ein unerreichbares Ziel. Vielleicht hast du auch schon so manches angestellt, was dir den Weg zu diesem Ziel für immer versperrt zu haben scheint.

Aber du darfst eines nicht vergessen: Wo hat Gott hingeschaut? Er sah in Davids Herz. Und genau dorthin schaut Gott auch bei dir!

Und hier beginnt unser Abenteuer: Ein Mann nach dem Herzen Gottes werden.

Was kennzeichnet die Gnade Gottes?

Die Abenteuerreise meines Lebens als Christ begann etwas holprig. Als junger Mann ging ich regelmäßig zur Kirche – aber das war es auch schon. Mein Glaube hatte keinen Tiefgang. Als ich auf's College kam, war mein Herz daher voll von verkehrten Wünschen und Sehnsüchten. Ich wünschte mir eine Freundin, ein schickes Auto, viel Geld, Spaß und viele Freunde. Ich bekam alles... doch dann kam mein geistlicher Fall. Ich war wie der verlorene Sohn in der Geschichte, die Jesus in Lukas 15,11-19 erzählt:

„[...] nicht lange danach packte der jüngere Sohn alles zusammen und reiste in ein fernes Land, und dort verschleuderte er sein Vermögen mit ausschweifendem Leben. [...] Er kam aber zu sich selbst und sprach: Wie viele Tagelöhner meines Vaters haben Brot im Überfluss, ich aber verderbe vor Hunger! Ich will mich aufmachen und zu meinem Vater gehen und zu ihm sagen: Vater, ich habe gesündigt gegen den Himmel und vor dir, und ich bin nicht mehr wert, dein Sohn zu heißen [...]"

Wie dieser Kerl kam auch ich „zu mir selbst". Ich begriff, dass ich geistlich verhungerte. Ich schaute hinauf zu meinem himmlischen Vater. Wie der Vater in der Geschichte (Vers 20), war Gott gnädig zu mir und nahm mich wieder auf. Und seitdem war mein Leben ein extremes Abenteuer!

Jeden – ob jung oder alt – der zu Gott kommt, den nimmt er auf. Er nimmt sogar solche wie mich auf, die „zu sich kommen", nachdem sie ihm den Rücken gekehrt haben. Von diesem Zeitpunkt an darf das Leben nicht so bleiben wie es war. Es beginnt das einzig wahre Abenteuer.

Und nun möchte ich dir eine persönliche Frage stellen. Bist du von Gott abgedriftet? Fühlst du auch, dass du – geistlich gesehen – wie der verlorene Sohn in ein fernes Land gezogen bist? Willst du diese kraftvolle Gnade Gottes in deinem Leben erfahren? Nun, wenn du das von Herzen willst, dann lies jetzt bitte weiter.

Verwandle dein Leben in ein extremes Abenteuer

Diese Überschrift wirst du in den folgenden Kapiteln immer wieder finden. In diesem Teil geht es um wichtige Fragen, die dir helfen sollen, dein Herz und dein Leben zu prüfen und dir Wegweisung für deine Abenteuerreise zu geben. Darum lass uns nun kurz nachdenklich werden... und etwas mehr darüber erfahren, wie man ein Mann nach Gottes Herzen wird:

Frage Nr. 1: Wenn Gott auf dein Leben schaut, wonach sucht er? Nun, Gott sei Dank, er sucht nicht nach Perfektion! Christ sein heißt nicht perfekt sein. Die Bibel sagt tatsächlich, dass es keinen perfekten Menschen gibt – keinen einzigen (Römer 3,10)! Wie David, wie ich, wie jeder andere – auch du –, haben alle gesündigt. Jeder ist Gott ungehorsam gewesen. Und dieser Ungehorsam ist die Sünde, die uns von Gott trennt.

Das ist die schlechte Nachricht.

Doch nun zur guten Nachricht! Es gab einen einzigen perfekten Menschen auf dieser Erde und das war der Herr Jesus Christus, Gottes einziger Sohn. Er war wirklich ein Mann ganz nach dem Herzen Gottes. Immer und überall tat er ganz exakt das, was sein Vater von ihm wollte. Bei seiner Taufe sagte Gott: „Dieser ist mein geliebter Sohn, an dem ich Wohlgefallen habe." (Matthäus 3,17)

Weil Jesus perfekt war und nie gesündigt hatte, war er dazu in der Lage, für deine und meine Sünde als Stellvertreter zu sterben. Er bezahlte die Strafe für unsere Sünde, die uns den ewigen Tod bringt. Die Bibel lehrt uns, dass Christus für uns starb, „als wir noch Sünder waren" (Römer 5,8). Er war das vollkommene Sühneopfer für unsere Sünden – durch seinen Tod sind wir von der Sünde gereinigt und mit Gott versöhnt.

Nun, *das* ist gewaltig!

Frage Nr. 2: Was bedeutet es, ein Christ zu werden? Kurz gesagt, bedeutet es...

- Gott und seine Gnade suchen (Epheser 2,8-9),
- unsere Sünden bereuen und uns davon abwenden,
- Gott um Gnade und Vergebung bitten,
- die Gabe des ewigen Lebens durch den Tod Jesu Christi im Glauben annehmen und
- durch seine Gnade leben.

Doch eines muss ich noch dazu sagen: Wenn du ein Christ geworden bist, dann bedeutet das nicht, dass du nicht mehr sündigen *kannst*. Es wird dir so gehen wie mir, auch wenn du es nicht willst, es wird dir passieren, dass du sündigst. Aber die Sünde wird in deinem Leben nicht mehr „zum Fahrplan" gehören, sondern ein „Eisenbahnunglück" sein. Warum? Weil du als Christ eine neue Kreatur in Christus bist (2. Korinther 5,17).

Und was passiert, wenn du sündigst? Der Heilige Geist, der in dir lebt, wird dich überführen, sodass du die Sünde bereuen wirst. Du kannst durch Buße wieder umkehren und die Gemeinschaft mit Gott genießen (Psalm 51,12).

Frage Nr. 3: Was ist dein Herzenswunsch? Wir haben uns Davids Herz angeschaut – sein Wunsch war, mit Gott zu leben. Auch habe ich gezeigt, wie Gott an meinem Herzen gearbeitet hat. Doch nun kommt die wichtigste Frage: Was ist mit deinem Herzen? Was ist der Wunsch, was ist das Verlangen deines Herzens? Versuch doch mal, deinen Herzenswunsch in etwa fünf Worten zu formulieren... Welche Worte wären dafür zutreffend? ...

Es wäre doch großartig, wenn Gott in dein Herz hineinschauen und sagen könnte: „Ich habe einen Mann nach meinem Herzen gefunden! – Einen Mann, der den Wunsch hat, meinen Willen zu tun!"

Frage Nr. 4: Hast du den Herrn Jesus als Retter und Herrn in deinem Leben angenommen? Vielleicht hast du diesen Schritt schon einmal getan und Christus als deinen Retter angenommen. Wenn nicht - oder wenn du dir nicht sicher bist – das ist der erste Schritt auf unserem Weg, ein Mann nach Gottes Herzen zu werden. Du kannst das im Gebet tun, wenn du ihm deine Sünde bekennst und von Herzen um Vergebung bittest. Bekenne ihm auch, dass du an seinen Opfertod glaubst, an seine Kraft, dich von der Sünde zu befreien. Bitte ihn, auch dein Retter zu werden, dich von der Sünde zu reinigen, in dein Leben zu kommen und dir zu helfen, von nun an im Gehorsam zu leben.

Aber denke nicht, dass es nur auf ein Gebet oder auf bestimmte Worte ankommt! Ein Gebet ist schließlich keine Zauberformel und Gott ist kein Münzenautomat – das „richtige" Gebet rein, Erhörung raus... Wenn du im Gebet nur bestimmte Worte formulierst, heißt das noch nicht, dass du es in deinem Herzen so meinst. Gott aber sieht gerade in dein Herz und hört den Ruf deines Herzens! Darum bete kein Gebet, dass du nicht von ganzem

Herzen aussprechen kannst – es wird nichts bewirken. Gott wird dein Herz hören und wenn es sich nicht nach Erlösung und nach Frieden mit ihm sehnt, kannst du dir deine Worte auch sparen! Wenn du dir nicht ganz sicher bist, ob du ein solches Gebet aufrichtig beten kannst, suche dir einen reiferen Christen, zu dem du Vertrauen hast und bitte ihn, dir zu helfen.

Ohne diesen Schritt wirst du die Reise jedoch nicht antreten können. Das größte Abenteuer deines Lebens kann nicht anders begonnen werden...

Nun, mein Freund, solltest du in diesem Moment ein Christ geworden sein, schreibe hier das Datum nieder: ______________. (Von diesem Tag an bist du zu dem größten Abenteuer deines Lebens aufgerufen. Nimm die Herausforderung an! Lebe mit dem Herrn Jesus, er gibt dir die Kraft dazu.) Als nächstes solltest du zu einem Christen gehen, von dem du weißt, dass er sich über deine Bekehrung von Herzen freuen wird und ihm davon erzählen!

Wenn du nun (oder schon länger) ein Christ bist, könnte die folgende Grabinschrift – auf einem Grabstein aus England – auch auf dich zutreffen:

Ich habe gesündigt;
ich habe es bereut;
ich habe vertraut;
ich habe geliebt;
ich ruhe;
ich werde auferstehen;
ich werde herrschen.

Schwere Entscheidungen für heute

Was ist dein Herzenswunsch? Was wünschst du dir für dein Leben am allermeisten?

Und was offenbaren deine Taten? Sagen deine Hobbies, deine Freunde, deine Musik, dass du gerne ein Mann nach dem Herzen Gottes werden möchtest? Oder posaunen sie heraus, dass du eigentlich lieber nach deiner eigenen Lust leben willst? Schreibe zwei oder drei Dinge aus deinem Leben auf, die du sofort ändern kannst:

- Die Zeit in meinem Leben in Bibel(lesen) & gute Bücher - lesen investieren + Beten
- Meinem Nächsten dienen & lieben ↳ nicht den Blick auf mich werfen

Bist du bereit, dein Leben in ein extremes Abenteuer zu verwandeln – das Abenteuer der Nachfolge Christi? Schreibe (im Licht dessen, was du in diesem Kapitel gelesen hast) zwei oder drei Eigenschaften oder Schritte auf, die notwendig sind, wenn du Christus nachfolgst.

- Vertrauen auf Gott
- Geduld
- nach Gottes Willen leben

Die Messerklinge

„Strebe eifrig danach, dich Gott als bewährt zu erweisen, als einen Arbeiter, der [...] das Wort der Wahrheit recht teilt." (2. Timotheus 2,15)

Lies Lukas 15,11-32. Was lernen wir in dieser Geschichte...

... über den Vater?

- hat Mitleid mit seinem Sohn
↳ freundlich, hat Erbarmen, gütig

... über den Sohn?

- Verhalten: verschwenderisch
- erkennt, dass er gesündigt hat

... über den älteren Bruder?

- zornig, neidisch
- unzufrieden

... über das Bekennen deiner Fehler?

- Bekennen der Sünde gegenüber Gott!

... über Vergebung?

- Gott vergibt jedem, egal wie schlimm er gesündigt hatte

Was ist Gottes Botschaft an dein Herz?

- Obwohl ich gesündigt habe, lädt Gott mich ein und vergibt mir meine Schuld durch seine große Liebe & Güte

Lies 1. Samuel 16,1-13. Welchen Auftrag hatte Samuel (Verse 1-3)?

-Den neuen König auserwählen und salben, den Gott ihm zeigt

Beschreibe Samuels Reaktion, als er Davids Bruder Eliab sah (Vers 6).

-Er war sicher, unter seiner Familie, sei der neue König

Fasse kurz zusammen, was Gott dann zu Samuel sagte (Vers 7).

- Gott schaute nicht auf ihr Aussehen sondern auf ihr <u>Herz</u>

- Samuel konnte dies jedoch nicht

Lies Apostelgeschichte 13,22. Warum erwählte Gott David zum König?

-David tat den Willen Gottes und besaß ein reines Herz vor Gott

Was ist Gottes Botschaft an dein Herz?

- Gott sieht nicht auf dein Äußeres, sondern auf dein Herz, auf deine Einstellungen und dein Verhalten

Kapitel 2

Was kostet es, das Ziel zu erreichen?

„Wie ein Hirsch lechzt nach Wasserbächen, so lechzt meine Seele, o Gott, nach dir! Meine Seele dürstet nach Gott, nach dem lebendigen Gott: Wann werde ich kommen und erscheinen vor Gottes Angesicht?" (Psalm 42,2-3)

Vor einiger Zeit reiste ich mit einer Gruppe nach Australien, um dort Pastorenkonferenzen zu veranstalten. Dabei lernte ich dieses Land etwas näher kennen. Australien ist ein unglaubliches Land! Es ist einfach riesig und dort wohnen die seltsamsten Tiere der Welt – wie zum Beispiel Kängurus, Koalabären, Dingos und Schnabeltiere.

Unsere Reise war eines von solchen extremen Abenteuern, die man nicht oft erlebt. Wir waren zu Konferenzen in vier großen Städten eingeladen, wollten bei der Gelegenheit aber auch gerne einige Sehenswürdigkeiten des Landes sehen, von denen wir schon viel gehört hatten – das „Outback" (Landesinnere) zum Beispiel und das Große Barriereriff. Da wir sehr viel zu tun hatten, ähnelte unsere Reise einem wilden Wirbelwind!

Zur ersten Konferenz ging es in das nördliche Brisbane – eine wirklich wunderbare Stadt mit angenehmem subtropischem Klima. Palmenreihen säumen die Straßen und Ananasbäume wachsen auf den Feldern. An der Küste gibt es viele sandige Strände mit gewaltigen Wellen, die zum Surfen einladen.

Während des Aufenthalts in Brisbane hörte ich viel über das Große Barriereriff. Unter Tauchern und Schnorchlern ist es weltberühmt wegen seines klaren blauen Wassers. Dieses bekannte Riff erstreckt sich auf etwa 1260 Meilen entlang der nordöstlichen Küste über Brisbane und ist zwischen 10 und 90 Meilen breit. Dieses Massiv wurde gebaut von winzig kleinen Lebewesen, die man Korallen nennt. Diese kleinen Tierchen leben und sterben in Kolonien, die über Jahrhunderte hinweg dieses riesige Riff gebildet haben, welches sich stellenweise aus hunderten Metern Tiefe erhebt.

Nun, das Große Barriereriff sieht nicht sehr lebendig aus. Aber Experten sagen, dass es erstaunlicherweise lebt! Es wächst beständig, während diese kleinen Organismen leben und sterben. Darum nehme ich das zur Kenntnis und staune über die Tatsache, dass das Riff „am Leben" ist.

Die ultimative Kraftquelle für dein Wachstum

Die Bibel ist genauso erstaunlich wie dieses Riff! Auf den ersten Blick sieht sie aus wie jedes andere Buch auch. Auf weißem Papier sind darin schwarze Buchstaben abgedruckt – wie bei jeder gewöhnlichen Zeitung. Und doch hat die Bibel etwas Besonderes und Kraftvolles an sich! Warum ist die Bibel so einzigartig?

Behauptung Nr. 1: Die Bibel behauptet, Gottes Wort zu sein – *„alle Schrift ist von Gott eingegeben"*. Diese Behauptung macht sie zu der ultimativen (also zu der einzig möglichen) Informationsquelle, die uns etwas über die Wege Gottes mitteilen kann – „nützlich zur Lehre, zur Ermahnung, zur Zurechtweisung, zur Erziehung in der Gerechtigkeit" (2. Timotheus 3,16).

Behauptung Nr. 2: Die Bibel behauptet, wahr zu sein und unternimmt keinen Versuch, sich selbst zu rechtfertigen. Das ist auch einleuchtend, denn wenn die Bibel Gottes Wort ist (Behauptung Nr. 1), dann können wir auch davon ausgehen, dass sie durch und durch wahrhaftig ist. Dessen war sich auch der Psalmist sicher, der schrieb: *„Das Gesetz des Herrn ist vollkommen."* (Psalm 19,8). Darum können wir der Bibel völlig vertrauen, dass sie uns den richtigen Weg für unser Leben zeigt.

Behauptung Nr. 3: Die Bibel behauptet, dass sie lebt! Denke nach über diese interessante Aussage: *„Das Wort Gottes ist lebendig und wirksam [...]"* Wie lebendig ist es denn? *„[...] und schärfer als ein zweischneidiges Schwert, und es dringt durch, bis es scheidet sowohl Seele und Geist, sowohl Mark als auch Bein, und es ist ein Richter der Gedanken und Gesinnungen des Herzens."* (Hebräer 4,12)

Das Handbuch für echte Männer

Bei solchen kühnen Behauptungen sollten wir beide aufhorchen und aufmerksam werden. Sollten wir nicht zumindest neugierig darauf werden, was die Bibel über unser Leben und über unsere Prioritäten zu sagen hat?

Kein anderes Buch hat dieselbe Wirkung auf einen Menschen wie die Bibel! Du kannst viele Bücher zu verschiedenen Themen lesen, welche dir viel Infomation vermitteln und hier und da weiterhelfen. Aber wenn es zum Herz und zur Seele kommt, kann nur die Bibel echte und bleibende Veränderungen bewirken. Ich weiß, dass, wenn ich die Bibel lese, mein Leben verwandelt wird. Ich denke anders. Ich handle anders. Ich rede anders.

Wenn die Bibel Gottes Wort ist – und wenn du und ich das Anliegen haben, Männer nach Gottes Herzen zu werden – dann gibt es keine bessere Anlaufstelle für uns, um nach Antworten zu suchen, als die Bibel. Denkst du auch so? Gott schrieb die Bibel, um uns seine Liebe mitzuteilen. Er zeigt uns darin, wie wir eine echte und tiefgehende Beziehung zu ihm genießen können.

Und – ich sage es noch einmal – Gott gab uns die Bibel, damit wir (als Männer) wissen, wie wir aus unserem Leben das Beste machen können! In seinem Wort gibt er uns eine Liste von Prioritäten vor, die uns zum erfolgreichen und siegreichen Leben führen.

Nun... wenn du ein Mann nach dem Herzen Gottes werden möchtest , dann wirst du erfahren wollen, welchen Plan Gott für dein Leben hat. Und du weißt, wie das geht! Du musst dir Zeit nehmen, die Bibel gründlich kennen zu lernen. Sie ist das Handbuch Gottes für echte Männer!

Energie zum Wachsen

Hast du dir schon mal vorgestellt, was passieren würde, wenn du aufhören würdest, körperlich zu wachsen? Wenn du nie ein erwachsener Mann werden könntest? Klingt das nicht wie der schlimmste Alptraum? Ich finde schon! Sicher wirst auch du sagen, dass das eine ernsthafte Tragödie wäre. Und es ist genauso tragisch, wenn ein junger Christ geistlich nicht wächst oder sogar Rückschritte macht. Weißt du, Gott möchte, dass du geistlich ebenso wächst wie körperlich. Die Bibel sieht das geistliche Wachstum als ein Nebenprodukt des Lebens in Christus. Sie befiehlt uns sogar: *„und wachset in der Gnade* *und Erkenntnis unseres Herrn und Heilandes Jesus Christus."* (2. Petrus 3,18) Der Schreiber des Hebräerbriefes ging davon aus, dass seine Leser im Laufe der Zeit so weit wachsen würden, dass sie fähig wären, die Grundlagen des Wortes Gottes anderen beizubringen. Aber er musste sie zurechtweisen, weil sie in ihrem Wachstum stecken geblieben waren (lies Hebräer 5,12). Es sollte uns, die wir in Christus leben, selbstverständlich erscheinen, dass wir geistlich wachsen müssen.

Lebenswichtiges Element

Schon seit meiner Schulzeit bin ich ein ganz begeisterter Läufer. Ich laufe sehr gerne, und daher beschloss ich an einem sonnigen Samstag, einmal auszuprobieren, wie weit ich laufen kann. Ich lief also los... fünf... zehn... fünfzehn Meilen... Bei der 15-Meilen-Marke musste ich daran denken, mein Zuhause anzusteuern, vor allem weil die warme Morgensonne sich in sengende Mittagshitze verwandelt hatte.

Ein anderer Grund fürs Umkehren war, dass ich kein Wasser mitgenommen hatte. Entlang der Straße gab es keine einzige Wasserquelle, deshalb begann ich, mich nach Wasser zu sehnen. Als ich nur noch wenige Meilen von zu Hause entfernt war, konnte ich nur noch an Wasser denken: Wasser, Wasser, mehr Wasser, ganz viel Wasser! Mein Körper ächzte nach diesem Leben spendenden Element. Als ich nach 21 Meilen ins Haus taumelte, keuchte ich nur noch nach Wasser...

Mein Freund, ein solches Verlangen, wie ich nach diesem Langstreckenlauf nach Wasser hatte, sollen wir nach dem Wort Gottes haben. Unser physischer Körper weiß, dass er ohne Wasser nicht funktionieren kann. So müssen wir auch begreifen, dass unser geistliches Leben ohne das „Lebenswasser" des Wortes Gottes nicht funktioniert! Der Psalmist beschrieb diese Sehnsucht nach Gott mit folgenden Worten: *„Wie ein Hirsch lechzt nach Wasserbächen, so lechzt meine Seele, o Gott, nach dir! Meine Seele dürstet nach Gott, nach dem lebendigen Gott: Wann werde ich kommen und erscheinen vor Gottes Angesicht?"* (Psalm 42,2-3)

Hast du eine solche Sehnsucht nach Gott und seinem Wort? So wie dein körperlicher Durst nur durch Wasser gestillt werden kann, deshalb kann nur Gottes Wort deinen geistlichen Durst stillen und dein Wachstum sicherstellen. Nur Gottes Wort kann dir für schwere Zeiten Kraft geben. Und nur durch dieses Wort erkennst du eine klare Richtung, um dich in dem Chaos deines Alltags zurechtzufinden, inmitten von Schule, Hausaufgaben, Familienleben, Gemeinde, Musik, Sport und was sonst noch deinen Alltag bestimmt.

Und hier ist ein gute Nachricht! Wenn es um geistliches Wachstum geht, lässt Gott dich nicht völlig allein. Gottes Geist, der in jedem Gläubigen wohnt, gibt dir das Verlangen und die Kraft zum Wachsen! Der Herr Jesus hat versprochen, dass der Heilige Geist immer dein Führer und Helfer sein wird (Johannes 14,16-17.26).

Wie du siehst, hat Gott dir mit Christus, mit der Bibel und mit dem Heiligen Geist alles gegeben, was du zum geistlichen Wachstum brauchst. Nun frage dich selbst – ist der geistliche Durst da? Warum stillst du ihn nicht, indem du mehr Zeit mit dem Wort Gottes verbringst?

Ich möchte, dass dein Hunger und Durst nach Gott

immer größer wird, während du dieses Buch liest. Ich möchte in dir das Verlangen nach seinem Wort wecken und dich dafür begeistern, ein Mann nach Gottes Herzen zu werden. Doch die Frage ist, willst du das auch?

Du hast die Wahl

Ich weiß, dass du das werden möchtest, was Gott aus dir machen will. Woher ich das weiß? Nun, ich glaube nicht, dass du dieses Buch noch lesen würdest, wenn es nicht so wäre. Ich weiß auch, dass du körperlich wachsen und stark werden willst – jeder Junge will das!

Und ich glaube, dass du auch geistlich so stark und reif werden möchtest, wie nur möglich. Was kannst du tun, damit dein Wunsch Wirklichkeit wird? Zunächst solltest du vier Entscheidungen treffen. Ich kann dir diese Entscheidungen nicht abnehmen, du musst sie ganz persönlich für dein Leben treffen.

1. Entscheide dich, Gott zu begegnen. – Gott wird dich nicht dazu zwingen, Zeit mit ihm zu verbringen! Nein, du musst dich dafür entscheiden! Wenn du Gott begegnen möchtest, musst du dich entschlossen dafür einsetzen.

Überleg einmal: Wie viel Zeit verbringst du vor dem PC, mit dem Surfen im Internet oder sogar vor dem Fernseher? Wie viel Zeit schlägst du mit deinen Freunden tot? Ist da nicht jede Menge Zeit, die du anders nutzen könntest, indem du sie mit Gott verbringst?

2. Entscheide dich, die Begegnung mit Gott zum ersten Ereignis des Tages zu machen. – Du willst geistlich wachsen, nicht wahr? Dann mache jeden Morgen deine geistlichen „Liegestützen" und „Kniebeugen" mit Gott. Lies sein Wort – das Handbuch für echte Männer. Und bete – besprich die Dinge mit deinem Oberbefehlshaber.

Mein Schwiegersohn ist Offizier auf einem Atom-U-Boot. Es vergeht kaum ein Tag, an dem er nicht um 4:30 Uhr aufstehen muss. Früh aufstehen gehört zum Mannsein dazu. Meinst du nicht, dass du jeden Tag wenigstens einige Minuten früher aufstehen könntest, um den Tag mit Gott zu beginnen? Das ist ein gutes Training fürs Leben und es wird dich persönlich sehr verändern!

3. Entscheide dich, dich selbst um Gottes willen zu verleugnen. – Das Leben eines Christen ist ein Leben der freiwilligen Selbstaufgabe und Verpflichtung. Es ist nämlich so, dass die ganze Welt dir sagt: „Bist du ein Christ? Dann beweise es!"

Welche weniger wichtigen Aktivitäten deines Lebens bist du also bereit ganz oder teilweise aufzugeben, um etwas Größeres zu gewinnen und im geistlichen Leben zu wachsen? Bist du bereit, um Zeit für Gott zu gewinnen...

... das PC-Spielen zu lassen,
... das Fernsehen zu lassen,
... weniger Zeit mit Freunden zu verbringen,
... weniger Zeit beim Sport zu verbringen?

Der Herr Jesus sagte zu seinen Jüngern: *„Wenn jemand mir nachkommen will, so verleugne er sich selbst und nehme sein Kreuz auf sich und folge mir nach!"* (Matthäus 16,24) Bist du bereit, diese Herausforderung anzunehmen? Wenn ja, dann garantiere ich dir, dass dein Leben in ein extremes Abenteuer verwandelt wird!

4. Entscheide dich, zu dem Volk Gottes „ja" zu sagen. – Eine der besten Entscheidungen, die du treffen kannst, ist, dich in der Nähe anderer Christen aufzuhalten. Warum sage ich das? Das ist etwa so, als würdest du mit jemandem eine Sportart ausüben, der schon weiter ist als du; als würdest du mit jemandem lernen, der dir bereits voraus ist. Du wirst dazulernen und Fortschritte machen, wenn du mit Leuten zusammen bist, die das, was sie tun, aus Überzeugung und leidenschaftlich gerne praktizieren. – Und genauso ist es, wenn du dich unter ergebenen Christen aufhältst. Ihr Eifer und ihre Sehnsucht nach Gott wird auch auf dich abfärben und dich anspornen. Ihr Leben fordert dich heraus, leitet dich an, korrigiert dich und hilft dir, das Beste aus deinem Leben zu machen.

Darum triff die richtigen Entscheidungen!

Entscheide dich,...

... sag ja zum Gottesdienstbesuch und zu der Unterweisung, die du in der Gemeinde erhalten kannst.

... sag ja zu deinen Jungschar- oder Jugendleitern, wenn sie dich fragen, ob du eine persönliche Betreuung haben möchtest.

... sag ja zu Freizeiten, bei denen du aus der Bibel lernen und gezielte Wegweisung von gottesfürchtigen Leitern bekommen kannst (ganz zu schweigen von den neuen Freunden, die du gewinnen kannst).

... sag ja zu jeder Gelegenheit, mit anderen jungen Leuten zusammenzusein, die sich verpflichtet haben, Gottes Willen zu tun.

Verwandle dein Leben in ein extremes Abenteuer

Was am geistlichen Wachstum so besonders bemerkenswert ist, ist die Art und Weise, wie es jeden Bereich deines Lebens miteinbezieht. Wenn du geistlich wächst, wirst du nicht nur Gott gefallen und als Christ reifer werden, du wirst auch einen positiven Einfluss auf alle ausüben, mit denen du in Berührung kommst. Bist du dir dessen bewusst, mit wie vielen Menschen deine Wege sich täglich kreuzen? Du hast Kontakt zu Hunderten von Leuten – Kontakt zu Menschen, deren Leben du positiv beeinflussen kannst, wenn du geistlich wächst.

Bist du bereit dazu? Bist du bereit für das Abenteuer, das dir alle deine Kräfte abverlangt, um Christus nachzufolgen? Bist du bereit, den steilen Bergpfad des geistlichen Wachstums zu betreten? Bist du gespannt darauf, zu sehen, was Gott aus dir und aus dem Leben deiner Mitmenschen durch dich machen will?

Was sagt dein Herz? Hörst du darauf? Hörst du auf den Ruf Gottes an dein Herz? Denke daran, Gott sieht das Herz an (1. Samuel 16,7). Hier ist eine Checkliste für dein Herz, mit der du überprüfen kannst, ob du bereit bist, in das ultimative Abenteuer Gottes einzusteigen:

- ❑ Möchtest du ein starker, an Reife zunehmender Mann Gottes werden? Dann stelle die wichtigen Dinge an den ersten Platz in deinem Leben. Entwickle eine enge Beziehung zu Gott durch Gebet, durch Gottes Wort, durch Gehorsam gegenüber seinen Befehlen.

- ❑ Möchtest du ein guter Sohn werden? Dann (ich wiederhole mich) verbringe Zeit mit Gott, indem du sein

Wort liest und betest. Er wird dir alles geben und dich alles lehren, was du brauchst, um in deiner Familie ein verantwortungsvolles Leben zu führen.

- ❑ Möchtest du ein guter Freund sein? Dann pflege deine Freundschaft mit Gott. Dieser Kontakt mit deinem himmlischen Vater und Freund wird dir Weisheit geben, um ein guter Freund zu sein und deine Freunde positiv zu beeinflussen.

- ❑ Möchtest du das geistliche Leben deiner Freunde positiv beeinflussen? Dann stärke deine Beziehung zu Gott. Das wird dem Geist Gottes erlauben, durch dich zu wirken und andere auf ihn hinzuweisen.

- ❑ Möchtest du ein lohnenswertes Leben leben? Oder anders gefragt: Willst du das Beste aus deinem Leben machen? Willst du alles „herausholen“, was du nur kannst? Dann mache Gott zu der obersten Priorität deines Lebens. Lass Gott in der Gegenwart das Erste und Wichtigste in deinem Leben sein, dann wird auch deine Zukunft für Zeit und Ewigkeit von Bedeutung sein. Alles, was du brauchst, ist der aufrichtige Wunsch, den Willen Gottes zu tun.

Hast du ein solches Verlangen? Ich habe es schon einmal gesagt, ich glaube, dass du es hast! Ich glaube, dass du bereit bist, dem Herrn deine neue – oder deine erneuerte (vielleicht auch vertiefte) – Verpflichtung zum geistlichen Wachstum mitzuteilen. Ich glaube, dass du bereit bist, diese schwierige Reise anzutreten, die dir ein lohnenswertes Leben verspricht.

Warum legst du jetzt nicht das Buch kurz einmal aus

der Hand, um mit Gott zu reden? Danke ihm, dass er dir den Wunsch und die Kraft zu der fantastischen Reise gibt, die noch vor dir liegt.

Schwere Entscheidungen für heute

Hast du schon einen Zeitraum für die tägliche Begegnung mit Gott festgelegt? Welche Zeit ist es? Wenn nicht, dann beginne dein Abenteuer noch in dieser Minute und triff diese wichtige Entscheidung. Tue es jetzt! Dann lege auch den Ort fest. Welche Gegenstände brauchst du, um deine Reise mit Gott jeden Morgen anzutreten? Mit welchem Buch der Bibel fängst du an?

- Morgens (Bibellesen)

Wusstest du schon, dass du in einem Jahr die Bibel durchlesen kannst, wenn du nur 12 Minuten am Tag darin liest? Natürlich ist damit nur die reine Lesezeit gemeint. Beim Bibellesen muss man ja auch stark mitdenken – sagen wir also, du brauchst etwa eine halbe Stunde am Tag, um die Bibel in einem Jahr durchzulesen und ein wenig über das Gelesene nachzudenken.

Willst du Gott eine halbe Stunde des Tages heute schon geben? Morgen? Jeden Tag? Ich habe in den Anhang dieses Buches einen „Geistlichen Extrem-Trainingsplan" aufgenommen. Suche darin das heutige Datum und lies den dort angegebenen Text. Hake dann das Kästchen ab. – Wie viel Zeit hast du gebraucht?

Willst du dich dafür entscheiden, die Bibel in einem Jahr durchzulesen? Es freut mich, wenn du ja sagst. Doch Achtung! Stell dich darauf ein, dass manche Texte (vor allem im Alten Testament) extrem schwierig zu verstehen sind! Sie sind wie ein steiler Bergpfad, auf dem du am liebsten dein Abenteuer abbrechen möchtest. Trotzdem ist es gut, dass du einen Überblick über die ganze Bibel bekommst. Außerdem kannst du auch reifere Christen um Rat bitten, wenn du etwas nicht verstehst.

Damit du trotz dieser schwierigen Texte geistlich nicht verdurstest, lies jeden Tag – am besten gleich morgens – auch einen Abschnitt deiner Wahl aus dem Neuen Testament. Den Extrem-Trainingsplan kannst du zu einer anderen Zeit des Tages befolgen, zum Beispiel am Abend.

Gibt es in deiner Gemeinde einen älteren Jungen oder Mann (vielleicht deinen Jugend- oder Jungscharleiter), der bereit wäre, mit dir in einer persönlichen Beziehung zu arbeiten? Wirst du ihn noch heute anrufen? Wie jeder Soldat brauchst du einen treuen Kameraden!

Die Messerklinge

„Strebe eifrig danach, dich Gott als bewährt zu erweisen, als einen Arbeiter, der [...] das Wort der Wahrheit recht teilt." (2. Timotheus 2,15)

Lies Psalm 1,1-3. Schreibe alle Tätigkeiten und Entscheidungen heraus, die ein Mann ausübt, der geistlich wachsen möchte. Dann beschreibe die geistliche Gesundheit eines Mannes, der mit Gott lebt. Gibt es etwas in deinem Leben, was du noch heute ändern solltest?

- keinen Anschluss zur Sünde
- Lust haben am Gesetz
  ↳ Nachsinnen Tag & Nacht
- Frucht bringen

Lies eine ähnliche Beschreibung der geistlichen Gesundheit und des Wachstums in Jeremia 17,7-8. Was ist geistliche Gesundheit laut Vers 7? Wie ist die Verfassung dieser Person in Vers 8 beschrieben?

V7 – Vertrauen auf Gott

V8 – Baum
  ↳ an Wasser gepflanzt
  ↳ keine Hitzefurcht
  ↳ bringt immer Frucht

Was lehren dich diese beiden Abschnitte über deine eigene geistliche Gesundheit? Musst du irgendetwas verändern?

- Ich muss mich nach Gottes Wort und seinen Befehlen sehnen und darüber nachsinnen, indem ich es anwende und dadurch Gott verherrliche.

Kapitel 3

Was kannst du tun, damit dein Ziel Wirklichkeit wird?

„Wachst [...] in der Gnade und Erkenntnis unseres Herrn und Retters Jesus Christus!“ (2. Petrus 3,18a)

„Eddie würd‘ gehn!“ - Das waren die Worte auf dem T-Shirt. „Wer ist Eddie?“, fragte ich mich, während ich mir die T-Shirt-Kollektion eines Ladens an der Waikiki-Küste anschaute. Nun, wer sich mit dem Surfen etwas auskennt, kennt auch den Namen Eddie Aikau.

„Eddie war einer der berühmtesten Großwellenreiter der 60er und 70er Jahre!“, erklärte mir der junge Verkäufer, der aussah, als hätte er selbst einige Wellen geritten.

„Und woher stammt der Slogan?“, war meine nächste Frage. Der Verkäufer zögerte etwas und erklärte dann: „Eddie war ein Surfer, der fast zu einer Legende geworden ist. Man sagt, er war im Wasser völlig furchtlos. Die großen Wellen faszinierten ihn derart, dass er auch dann aufs Wasser ging, wenn andere zurückschreckten. Daher sagt man: Eddie würd‘ gehn!“

„Aber“, setzte mein neuer Geschichtslehrer fort, „Eddie hatte noch eine andere Seite. Wirklich berühmt wurde er im Jahre 1978, als er im Auftrag der Polynesischen Reisegesellschaft mit der ‚Journey of Rediscovery‘ unterwegs war. Das Doppelkanu kenterte in stürmischer See zwischen den Inseln im Moluken-Kanal. Die Mannschaft hoffte die ganze Nacht auf Rettung, aber am Morgen mussten sie feststellen, dass sie von der Strömung nur noch weiter vom Land abgetrieben wurden. Eddie beschloss, Hilfe zu holen. Sein Ziel war die Insel Lanai, etwa 12 Meilen entfernt. Als er auf einer Holzplanke lospaddelte, sagte er: ‚Macht euch keine Sorgen, ich schaffe es. Ich werd' gehn.' Das waren seine letzten Worte, denn Eddie Aikau wurde nie mehr gefunden." - Ich brauche wohl nicht mehr zu sagen, dass ich mir nach dieser Geschichte das T-Shirt sofort gekauft habe... und seither einen Helden mehr hatte!

Solltest du irgendwann einmal die Insel Oahu besuchen, geh unbedingt in den Waimea Bay Beach Park und sieh dir Eddies Denkmal an. Und wenn du das Glück hast, im Winter dort zu sein, kannst du vielleicht sogar den Surfer-Wettbewerb miterleben, der in seinem Namen stattfindet. An diesem großen Ereignis kann nicht jeder beliebige Surfer teilnehmen, sondern nur einige Auserwählte – solche, die den Mut haben, die großen Wellen an Oahus weltberühmter North Short Bonsai Pipeline zu meistern.

Ziel - geistliches Wachstum

Eddie Aikau kam nicht zufällig zu seinem Ruhm. Er wuchs in einer sehr armen Familie auf und lernte das Surfen auf einem weggeworfenen Sperrholzbrett. Sein erstes Surfbrett kaufte er sich mit den Ersparnissen von dem Geld, das er bei Dole – einer Ananas-Konservierungsfabrik – verdiente. Er hatte ein Ziel in seinem Leben und war entschlossen, aus seinen Träumen Wirklichkeit werden zu lassen. Und er hatte es geschafft.

Du brauchst Motivation. – Wenn du etwas tun sollst, was du wirklich willst, ist es nicht schwer, die nötige Motivation dazu aufzubringen, nicht wahr? Wenn es dir so geht wie den meisten Jungen, bist du recht schnell dazu motiviert, Fußball zu spielen, einem Hobby nachzukommen oder mit Freunden „abzuhängen". Aber wenn es darum geht, dein Zimmer aufzuräumen oder zur Schule zu gehen, Hausaufgaben zu erledigen oder sogar die Bibel zu lesen, fällt es dir eher schwer, dich dazu aufzuraffen.

Für die Dinge, die du gerne tust – sei es nun Fußball spielen, angeln, Skateboard, Fahrrad fahren, oder was immer es ist – wirst du stets Zeit finden. Wie ich schon sagte, laufe ich sehr gerne. Und weil ich sehr gerne laufe, finde ich irgendwie auch Zeit dazu, selbst wenn ich viel anderes zu tun habe.

Du brauchst Ausgleich. – Wir müssen ein Gleichgewicht finden zwischen den Dingen, die wir tun wollen, und den Dingen, die wir tun müssen. Wir müssen sicherstellen, dass wir wichtige Elemente des Lebens nicht vernachlässigen, während wir unseren persönlichen Interessen nachgehen.

Du erinnerst dich bestimmt, dass wir im letzten Kapitel über die Notwendigkeit des geistlichen Wachstums sprachen – ein Abenteuer, das in deinem Herzen beginnen muss, mit deinen Wünschen und Zielen. Als Christ sollte es für dich normal sein, den Wunsch zu haben, geistlich zu wachsen. Es sollte dein brennendes Verlangen sein. Wie David solltest du dich danach sehnen, von ganzem Herzen mit Gott zu leben.

Du brauchst Ziele. – Auch in diesem Kapitel musst du dir dieselbe Frage stellen: Was ist das brennende Verlangen deiner Seele? Ich hoffe, dass du sagst: „Ich möchte wachsen in der Gnade und in der Erkenntnis meines

Herrn und Retters Jesus Christus. Ich möchte ein Mann nach dem Herzen Gottes sein. Ich möchte, dass mein Leben positiven Einfluss auf andere ausübt... und auf die Ewigkeit. Ich möchte alles das sein, was Gott aus mir machen möchte. Um geistlich zu wachsen, möchte ich alles tun, was in meiner Kraft steht!"

Nun, was kannst du tun, um dieses Ziel Wirklichkeit werden zu lassen?

Der Weg zu geistlichem Wachstum

Geistliches Wachstum ist ein Ziel, dass du unbedingt anstreben musst. Das ist ein Ziel, das für jeden Christen sehr wichtig ist, es wird dein Leben positiv beinflussen und für andere wertvoller machen. Es ist eines der wichtigsten Ziele überhaupt! Natürlich solltest du auch andere Ziele haben – Ziele, die dein Leben in dieser Welt betreffen, wie zum Beispiel deine Schulbildung. (Doch lass mich hinzufügen, dass bei aller Wichtigkeit der geistlichen und schulischen Ziele auch Spaß im Leben nicht verboten ist. Du brauchst deine Sportschuhe also nicht zu verkaufen! Achte aber darauf, dass du das Gleichgewicht behältst.)

Welche Schritte kannst du nun unternehmen, um geistlich zu wachsen?

1. Weihe dein Leben ganz dem Herrn Jesus Christus. Hast du den Herrn Jesus bereits als deinen Herrn und Retter angenommen? Wie ich schon sagte, ist das der allererste Schritt auf dem Weg dahin, ein Mann nach dem Herzen Gottes zu werden. Wenn du ein Christ geworden bist, dann ist der Heilige Geist in dein Leben gekommen und wirkt in dir, damit der Wille Gottes in deinem Leben geschieht. Dann bist du bereit seinem Ruf *„Folgt mir nach!"* zu folgen (Markus 1,17).

2. *Bereinige die Sünde.* Sünde ist jeder Gedanke, jedes Wort und jede Tat, die den Anweisungen Gottes in der Bibel nicht entspricht. Und, mein Freund, du kannst es mir glauben – Sünde wird dein geistliches Wachstum immer behindern. Sie hat auch mein Wachstum gehemmt! Sünde übte auch auf das Leben des Königs David eine tragische Wirkung. Wenn du seine Lebensgeschichte in der Bibel nachliest, wirst du merken, wie enorm die Sünde die Laufbahn dieses großen Mannes beschmutzt und seine Familie ruiniert hat.

Denke zum Beispiel an Davids Sünde mit Batseba. Um zu verbergen, dass sie von ihm schwanger geworden war, ordnete er an, dass ihr Mann in der Schlacht umgebracht werden sollte (2. Samuel 11). Ein ganzes Jahr verschwieg David seine Schuld. Lies selbst, wie er seinen Zustand in dieser Zeit des Schweigens und Vertuschens beschreibt:

„Als ich es verschwieg, da verfielen meine Gebeine durch mein Gestöhn den ganzen Tag. Denn deine Hand lag schwer auf mir Tag und Nacht, so dass mein Saft vertrocknete, wie es im Sommer dürr wird. Da bekannte ich dir meine Sünde und verbarg meine Schuld nicht; ich sprach: ‚Ich will dem HERRN meine Übertretungen bekennen!' Da vergabst du mir meine Sündenschuld." (Psalm. 32,3-5)

Seine unbereinigte Sünde hat für David spürbare körperliche Folgen gehabt – sein Körper verschmachtete, er stöhnte vor Schmerzen, hatte weder Energie noch Kraft, sein Lebenswille schwand dahin. Und die geistlichen Folgen müssen genauso schlimm oder noch schlimmer gewesen sein! David wusste, dass er falsch gehandelt hatte. Und er wusste auch, dass er es vor Gott nicht verbergen konnte.

Was denkst du, während du das liest? – „Bin ich froh, dass ich nicht so ein Oberklassen-Sünder bin wie David! Ich habe niemanden umgebracht und habe keine sexuelle Sünde begangen. Ich habe nur kleine Sünden. Meine Sünden tun niemandem weh." – Entsprechen diese Worte deinen Gedanken?

Doch sei dir nicht so sicher! Jesus nimmt jede Sünde unheimlich ernst und sie wiegt schwer vor ihm, wenn sie auch nur in Gedanken geschieht (Matthäus 5,22+28): Wenn du zornig auf jemanden bist, geschieht bereits ein Mord in deinem Herzen und wenn du in Gedanken mit einer Frau sündigst, gilt das vor Gott bereits als Ehebruch!

Darum merke dir eines: Ob klein oder groß, ob heimlich oder öffentlich, ob offensichtlich oder im Herzen verborgen – jede Sünde ist eine Beleidigung des heiligen Gottes und muss vor ihm bekannt und von ihm vergeben werden. Lieber Freund, immer dann, wenn wir es versäumen, Sünde zu bekennen und um Vergebung zu bitten, schädigt sie unsere Beziehung zu Gott und hemmt unser geistliches Wachstum. Nicht nur das, die unbereinigte Sünde zerstört auch unsere familiären und freundschaftlichen Beziehungen.

Was wirst du tun? – Nimm dir einige Minuten Zeit, um über dein Leben nachzudenken. Gibt es Sünde in deinem Herzen, die du noch nicht bekannt hast? Denke an

David – als ein Mann nach dem Herzen Gottes bekannte er seine Schuld vor Gott. Danach durfte er sich an der wunderbaren Reinigung und Erleichterung erfreuen, die aus der Vergebung resultiert. So durfte er bekennen: „Wohl dem, dessen Übertretung vergeben, dessen Sünde zugedeckt ist! Wohl dem Menschen, dem der HERR keine Schuld anrechnet, und in dessen Geist keine Falschheit ist!" (Psalm 32,1-2)

Wenn du diese Reinigung durch Gottes Vergebung und die Freiheit von Schuld erleben möchtest, dann mache es dir zur Gewohnheit, die Sünde nicht lange mit dir herumzuschleppen, sondern sie zu bekennen und um Vergebung zu bitten. Vergiss aber nicht, Gott für die Vergebung zu danken! Wenn du das tust, ist der Weg zu geistlichem Wachstum wieder frei!

3. Brich mit der geistlichen Faulheit. In den vergangenen Jahren traf ich mich jeden Samstagmorgen mit einigen Männern aus der Gemeinde, um zusammen die Bibel zu studieren. Unsere Zusammenkunft begann um 7 Uhr morgens, sodass ich um 6:30 Uhr das Haus verlassen musste, um rechtzeitig da zu sein. Auf meinem Weg zur Kirche muss ich an einem Golfplatz vorbei, und dabei sah ich jeden Samstagmorgen, dass der Platz um diese Uhrzeit schon voller Leute war. Viele der Golfer waren auf ihrem Kurs schon so weit fortgeschritten, dass es offensichtlich war, dass sie schon sehr früh am Morgen losgezogen waren... wahrscheinlich so gegen 6:00 Uhr! Im Gegensatz dazu kamen zu unserem Bibelstudium nur sehr wenige Männer. Ich war jedes Mal neu darüber erstaunt, dass so viele Nichtchristen bereit sind, am Samstagmorgen so früh aufzustehen, um Golf zu spielen, während nur so wenige christliche Männer gerne früh aufstehen, um Gottes Wort zu studieren und darin zu wachsen.

Nun, ich habe nichts dagegen, dass jemand früh am Morgen Golf oder Fußball oder sonstigen Sport betreibt. Mein Sorge ist (ich sage es immer wieder), dass du dein geistliches Wachstum behinderst, wenn du es nicht schaffst, dir Zeit für Gott zu nehmen, stattdessen aber das tust, was dir selbst Spaß macht.

Ich weiß, das ist kein einfaches Thema. Sogar nachdem ich jahrelang Christ bin, muss ich meine Entscheidungen immer wieder neu treffen. Hier sind einige Fragen, die mir dabei helfen und die du dir auch stellen solltest: Ziehe ich die Welt Gott und seinem Wort vor? Investiere ich so viel Zeit in meine Hobbies oder in Sport, dass sie mir für das Bibelstudium und das Wachstum im Glauben fehlt? Tue ich etwas, was mir Spaß macht, während ich zur gleichen Zeit die Möglichkeit habe, an einer Bibelarbeit oder Gemeindeveranstaltung teilzunehmen?

Warum nicht den Herrn Jesus darum bitten, dir bei deinen Entscheidungen und Prioritäten zu helfen? Warum sich nicht dazu entschließen, Zeit mit Gott und seinem Wort zu verbringen, und mit Leuten, die sein Wort besser kennen lernen wollen? Warum nicht ein geistliches „Fitness-Training“ starten, um deine geistlichen Muskeln zu stärken? Alle diese Dinge sind notwendig, um ein Mann nach dem Herzen Gottes zu werden.

4. *Suche nach Methoden, die beim Wachsen helfen.* Es gibt so großartige Hilfsmittel, so viele „Trainingsmethoden“, aus denen du dir dein eigenes geistliches Trainingspro-

gramm zusammenstellen kannst. Du kannst sie so in dein Leben integrieren, dass sie neben der Schule, den häuslichen Pflichten und vielleicht sogar einem Nebenjob zum festen Bestandteil deines Lebens werden. Denn wie für das physische gilt auch für das geistliche Training: Es muss regelmäßig geschehen! Nicht hin und wieder viel Training auf einmal, sondern beständig in angemessener Menge.

Du solltest zunächst nach einem Hilfsmittel suchen, das dir hilft, die Bibel persönlich zu studieren. Am Ende des Buches habe ich dazu einige Tipps aufgeschrieben. Auch solltest du dich – wenn du es noch nicht getan hast – einer Gruppe anschließen, in der man das Wort Gottes gemeinsam betrachtet, um dadurch zu wachsen.

Du könntest außerdem...

... die Bibel oder gute Predigten vom MP3-Player oder auf CD hören,

... Bibelverse auswendig lernen,

... gute christliche Bücher lesen (Biografien oder Themenbücher),

... einen persönlichen „Wachstumsplan“ zusammenstellen, der die oberen Vorschläge einschließt und vielleicht noch weitere Methoden umfasst.

Das Wichtigste dabei ist, dass du die Bibel regelmäßig liest, denn sie ist die wichtigste Quelle für deine geistliche Nahrung. Ich hörte einmal, dass nur weniger als 5% aller Christen die Bibel schon einmal komplett durchgelesen haben. Das bedeutet, dass du allein durch das regelmäßige Lesen der Bibel zu den wenigen Leuten gehören darfst, die diesen Berggipfel erstürmt haben.

Mein Freund, die Entscheidung, die ganze Bibel kennen zu lernen, musst du selbst treffen. Dein Jungscharleiter kann dir diese Entscheidung nicht abnehmen. Deine Eltern und deine Freunde können es auch nicht. Nein, du musst dich dazu entschließen! (Um diesen Entschluss auszuführen, benutze den Bibelleseplan im Anhang!)

Wenn du dich dazu entschließt, die Bibel ganz durchzulesen, wäre es hilfreich, jemanden zu finden, der diesen Weg mit dir geht. Ihr könnt euch dann gegenseitig Rechenschaft geben und euch anspornen. Ihr werdet entdecken, dass der Austausch über Gottes Wort und geistliches Wachstum eine großartige Quelle der Ermutigung ist.

5. Sei ein „Jünger". Wenn du wachsen möchtest, ist es sehr wichtig für dich, immer ein Lernender (also ein Jünger) zu sein. Am besten funktioniert das, wenn du jemanden hast, der dazu in der Lage ist, dich beim geistlichen Wachsen und Reifen anzuleiten. Das nennt man dann eine Jüngerschaftsbeziehung.

Jeder, der ein Mann nach dem Herzen Gottes werden möchte, profitiert davon, wenn er ein Vorbild hat, von dem er regelmäßig Ratschläge, Führung und Ermutigung bekommt. Als ich ein junger Christ war, wusste ich, dass ich Hilfe brauchte. Ich wusste es immer! Doch ich wusste überhaupt nicht, was ich dafür tun sollte. Darum suchte ich nach einem Mann, der im Glauben viel weiter war als ich und bat ihn, mich geistlich zu betreuen.

Ich kann Gott nur danken, dass ich solche Männer nicht in der Ferne suchen musste – es gab eine ganze Reihe von ihnen in meiner Gemeinde, die mich gerne begleiten und mir helfen würden. Über die Jahre hinweg habe ich viele verschiedene Männer getroffen, die mir halfen, im Glauben zu reifen. Ich bin ihnen unheimlich viel schuldig! Und irgendwann war ich soweit, dass auch ich das Gelernte an andere weitergeben konnte.

Die Bibel ermutigt Männer wie dich und mich, solche Jüngerschaftsbeziehungen zu suchen. Paulus hatte auch solche Jünger, zum Beispiel Timotheus. Und was sollte Timotheus tun? Lies, was Paulus ihm schreibt: *„Und was du von mir gehört hast vor vielen Zeugen, das vertraue treuen Menschen an, die fähig sein werden, auch andere zu lehren."* (2. Timotheus 2,2)

Vielleicht hast du schon mal einen Staffellauf beobachtet, vielleicht auch selbst an einem solchen teilgenommen. Nun, dasselbe Prinzip steckt in diesem Vers. Paulus schreibt hier an seinen Jünger und befiehlt ihm, den „Stab" der Wahrheit Gottes aus seiner Hand zu nehmen und an andere, treue Männer weiterzureichen. Diese treuen Männer sollen ihn dann an andere weiterreichen. Dieser geistliche Staffellauf ist nun schon seit etwa zwei Jahrtausenden im Gange und nun hat der Stab dich erreicht! Bruder, du musst diesen Stab fest ergreifen, damit laufen so gut du nur kannst und ihn dann ganz sorgfältig weitergeben. Menschlich gesehen hängt die Zukunft der Christenheit davon ab, ob du es schaffst, diesen Stab treu und sicher weiterzureichen. Darum lass uns unseren Herrn nicht enttäuschen!

6. Widme dein Leben dem Dauerlauf des geistlichen Wachstums.
Das Leben eines Christen und geistliches Wachstum sind keine kurzen Sprints. Sie sind Langstreckenläufe

und erfordern lebenslängliche Ausdauer. Du nimmst an geistlicher Reife zu, während du das Rennen Augenblick um Augenblick, Tag für Tag, Jahr um Jahr läufst.

In vielen Hinsichten ähnelt dieser geistliche Wettlauf dem körperlichen Lauf. Wenn du aufhörst, körperlich zu trainieren, wirst du die Folgen davon nicht gleich bemerken. Doch eines Morgens wachst du auf, willst laufen und merkst, dass du schon nach wenigen Metern keine Luft mehr bekommst!

Ähnliches kann passieren, wenn du meinst, du könntest auf geistliches Training verzichten – die Bibel vernachlässigen, kaum beten, Gottesdienste auslassen. Doch eines Tages kommt das böse Erwachen, wenn du merkst, dass du geistlich flau geworden bist, völlig schwach und ganz offen für die Sünde... und alles deshalb, weil du vergessen hast, dass du ununterbrochen, Tag für Tag wachsen musst.

Und denke immer daran – du kannst dich nicht auf den Erfolgen von gestern ausruhen. Du musst das Ziel haben, heute zu wachsen – und das an jedem Tag deines Lebens.

Verwandle dein Leben in ein extremes Abenteuer

Wenn du alle diese Schritte zum geistlichen Wachstum überdenkst, sagst du vielleicht: „Das ist aber gar nicht einfach!" Es stimmt – geistliches Wachstum geschieht nicht zufällig. Es bedarf der Motivation und Aktion von deiner Seite. Doch der Profit, den du aus diesem Wachstum schlagen wirst, ist phänomenal und wirklich aller Mühe wert! Nicht allein, dass deine Beziehung zu Gott immer besser werden wird und dass du vor der Welt ein Leben führen wirst, das christusähnlich ist, du wirst außerdem:

- geistliche Kraft besitzen, um Versuchungen zu widerstehen,
- geistliche Energie besitzen, um deinen Alltag zu bewältigen,
- geistliche Weisheit besitzen, um richtige Entscheidungen für die Zukunft zu treffen,
- geistliche Reife besitzen, um richtige Freunde und Aktivitäten zu wählen.

Am Anfang dieses Kapitels sprachen wir über Motivation und über Ziele. Eddie Aikau hatte beides. Seine Motivation machte ihn zu einem Weltklassen-Sportler. Eddies Mut und Geschicklichkeit gaben uns den Slogan „Eddie würd' gehn". Ich hoffe, dass seine Geschichte dir auch Mut macht für dein eigenes Leben. Du bist jung und du brauchst physische Ziele für jetzt und für die Zukunft. Doch mein Gebet ist, dass du nicht nur im Blick auf deinen Körper Ziele hast. Ich bete, dass du dir selbst geistliche Ziele setzt. Das Leben besteht aus „großen Wellen" – großen Herausforderungen, großen Chancen und großen Entscheidungen. Geistliche Ziele werden dir Mut machen und dich stärken, wenn diese großen Wellen dich zu überrollen drohen. Bist du bereit, den Herausforderungen entgegenzutreten? „Eddie würd' gehn." – Wirst du gehn?

Schwere Entscheidungen für heute

Lies den Abschnitt mit den sechs Schritten zum geistlichen Wachstum noch einmal durch. Was willst du noch heute tun, um geistlich zu wachsen?

- Beständiger Kontakt mit Gott (Bibellesen, Gebet)

1. Weihe dein Leben ganz dem Herrn Jesus Christus. Was kannst du noch heute tun, um ein „lebendiges Opfer" (Römer 12,1-2) zu sein?

- Meinem Nächsten dienen
↳ Liebe, Geduld, Sanftmut

2. Bereinige die Sünde. Gibt es Sünde in deinem Leben, die du vor Gott noch nicht bekannt hast? Wann willst du endlich mit Gott ins Reine kommen?

3. Brich mit der geistlichen Faulheit. Schreibe einen kurzen geistlichen Trainingsplan, mit dem du noch diese Woche beginnen willst.

- Tägliches Bibellesen + Gebet
- gute Bücher lesen für geistliches Wachstum

4. Suche Methoden, die beim Wachsen helfen. Welches Material willst du benutzen, um dich geistlich zu fördern? Hast du bereits begonnen, nach dem Bibelleseplan zu lesen? Wenn nicht, wann willst du beginnen?

5. Sei ein „Jünger“. Wen hast du gefragt, dich geistlich zu begleiten? Wenn dir niemand einfällt, der dein Mentor sein könnte, dann frage deinen Jungscharleiter, ob er jemanden vorschlagen möchte.

6. Widme dein Leben dem Dauerlauf des geistlichen Wachstums. Schreibe in eigenen Worten eine Verpflichtung zum geistlichen Wachstum nieder – eine Verpflichtung gegenüber Gott. Unterschreibe sie mit dem heutigen Datum und lege sie in deine Bibel. Lies dir diese Verpflichtung von Zeit zu Zeit durch und erinnere dich an diesen Tag.

Die Messerklinge

„Strebe eifrig danach, dich Gott als bewährt zu erweisen, als einen Arbeiter, der [...] das Wort der Wahrheit recht teilt." (2. Timotheus 2,15)

Lies Hebräer 5,12-14. Welche Erwartungen hatte der Autor an seine Leser zu dem Zeitpunkt, als er den Brief schrieb?

- Jüngerschaft
- Versuchungen überwinden
- Beständige Lehre

Was sagt das Wort „Milch" über die geistliche Reife der Empfänger des Briefes aus? (Vers 13)

- Sie sind unerfahren im Wort
- keine bewusste Handlungsfähigkeit

Was sagt das Wort „feste Speise" über die vom Verfasser gewünschte Reife aus? (Vers 14)

- Sie sind erfahren im Wort
- Unterscheidung des Guten & Bösen
- Versuchungen widerstehen können

Wozu ist eine reife Person fähig? (Vers 14)

- Unterscheidung des Guten & Bösen

Nachdem du Hebräer 5,12-14 gelesen hast, versuche deinen eigenen geistlichen Zustand zu beurteilen. Bist du ein „Milchtrinker" oder ein „Fleischesser"?

- Milchtrinker
  ↳ nicht erfahren
- Fleischesser
  ↳ Unterscheidung des Guten & Bösen

Versuche auf einer Skala von 1 (gering) bis 10 (hoch) deine Fähigkeit einzuschätzen, zwischen gut und böse zu unterscheiden.

7

Nenne drei Dinge, die böse sind.

- sexuelle Unzucht
- Neid
- Lästerung

Nenne drei Dinge, die gut sind.

- Meinem Nächsten dienen
- Jüngerschaft
- Täglicher Kontakt mit Gott

Nenne drei Dinge, die du tun kannst, um an geistlicher Reife zuzunehmen.

- Gebet
- Bibellesen (mit Anderen)
- andere Bücher lesen

Kapitel 4

Was macht dich zu einem Mann nach dem Herzen Gottes? (Teil 1)

„Und am Morgen, als es noch sehr dunkel war, stand er auf, ging hinaus an einen einsamen Ort und betete dort." (Markus 1,35)

Als ich Pastor wurde, hatte ich bereits eine Laufbahn in der Pharmaindustrie hinter mir. Warum Pharmaindustrie? Vielleicht weil ich in meinem kleinen Heimatstädtchen meinen zweiten Job in der Apotheke hatte (mein erster Job war „Laufbursche" in einem Obstladen). In der Apotheke musste ich den Boden wischen, Regale auffüllen und Medikamente zu den kranken Leuten nach Hause bringen. Ich mochte meinen Arbeitsplatz – er war sauber, immer voller Leute und diente dazu, anderen Menschen zu helfen. Und mein Chef, ein entschiedener Christ, sorgte für eine gute und angenehme Atmosphäre. Ich liebte die Arbeit in der Apotheke so sehr, dass ich begann, einen Kurs zu besuchen, der mit einem Universitätsabschluss der Oklahoma School of Pharmacy endete.

Nach Abschluss der Pharmaschule arbeitete ich als Pharmazeut in Apotheken und Krankenhäusern. Sogar nachdem ich in den Pastorendienst getreten war, blieb ich noch pharmazeutischer Offizier in der Sanitätstruppe der Armeereservisten. Um meine pharmazeutische Lizenz aufrechtzuerhalten, muss ich alle Eigenschaften und Kennzeichen der einzelnen Medikamentengruppen kennen. Nur so kann ich wissen, welches Medikament welche Wirkung hat. Hätten Medikamente nicht ganz bestimmte Eigenschaften, die bekannt sind und die immer gleich bleiben, würden wir keinen Nutzen von ihnen haben.

Ein gehorsames Herz

Nun fragst du dich bestimmt, was die Medikamente damit zu tun haben, ein Mann nach dem Herzen Gottes zu werden. Nun, so wie Medikamente einer Gruppe ähnliche Eigenschaften aufweisen, tun es auch die Männer nach dem Herzen Gottes. Mit anderen Worten: Alle solche Männer haben bestimmte Charaktereigenschaften. Wir haben bereits einiges über ihre Wesenszüge gesagt. Erinnerst du dich?

Ein Mann nach dem Herzen Gottes ist...
... ein Mann, der Gott gefallen will,
... ein Mann, der geistlich wachsen möchte,
... ein Mann, der ein gehorsames Herz hat.

In einem der vorherigen Kapitel haben wir entdeckt, dass David deshalb ein Mann nach dem Herzen Gottes war, weil er das Verlangen hatte, den ganzen Willen Gottes zu tun (Apostelgeschichte 13,22). Das ist eine Charaktereigenschaft, die jeder Mann nach dem Herzen Gottes besitzt – ganz egal wie alt oder jung er ist. Es ist von größter Bedeutung für uns, den Willen Gottes zu kennen... und ihm zu gehorchen! Das ist sozusagen die vereinfachte Definition all dessen, was für das geistliche Wachstum wichtig ist; es ist der Schlüssel dazu, ein Mann Gottes zu werden – Gottes Wort kennen und ihm von Herzen gerne gehorchen. Das ist die eindeutigste Definition, die treffendste Charakteristik eines Mannes Gottes.

Im Laufe der Jahre durfte ich den Segen erleben, einige sehr reife Christen als persönliche Mentoren zu haben. In diesen Freundschaftsbeziehungen habe ich noch einige weitere Eigenschaften solcher Männer bemerkt. Als ich die Männer „ganz persönlich" kennen lernte und ihr Leben beobachtete, begriff ich, dass es dieselben Eigenschaften waren, die auch die Männer Gottes in der Bibel kennzeichnen. Meine Freunde und Mentoren besaßen dieselben goldenen Charaktereigenschaften wie die biblischen Helden, Mose, Josef, Nehemia, Paulus und – natürlich – David.

Was sind nun diese Merkmale? Was trennt diese Männer von dem Rest der Welt? Was verbindet sie untereinander? Was haben die Gottesmänner von heute mit einem David gemeinsam, der vor 3000 Jahren gelebt hat? Dass sie alle den Wunsch haben, Gottes Willen zu erfüllen, haben wir bereits in Apostelgeschichte 13,22 gelesen. Eine weitere sehr wesentliche Eigenschaft wollen wir in diesem Kapitel betrachten – und einige andere in den folgenden.

Ein betendes Herz

In der ganzen Bibel sehen wir immer wieder, dass die Männer, die ein Verlangen nach Gott hatten, auch Männer des Gebets waren:

- Abraham baute immer wieder Altäre und rief den Namen des Herrn an (1. Mose 12,7-8):
  „Da erschien der HERR dem Abraham [...] Und er baute dort dem HERRN, der ihm erschienen war, einen Altar. Von da zog er weiter auf das Bergland östlich von Bethel [...] Und

er baute dort dem HERRN einen Altar und rief den Namen des HERRN an."

- Mose fiel immer wieder auf seine Knie, um Weisung für das Volk Israel zu erbitten (2. Mose 34,9):
  „O Herr, wenn ich Gnade gefunden habe vor deinen Augen, so ziehe mein Herr in unserer Mitte, obwohl es ein halsstarriges Volk ist; und vergib uns unsere Schuld und Sünde, und nimm uns an als dein Eigentum!"
- David betete viel in seinem Leben. Viele Psalmen sind seine Gebete in Liedform. In diesen Gebetsliedern merken wir sehr deutlich, dass David ein betendes Herz hatte. Auch nachdem er die unweise Entscheidung traf, das Kriegsvolk zu zählen, tat er Buße und betete (2. Samuel 24,10):
  „Ich habe mich schwer versündigt mit dem, was ich getan habe! Nun aber, o HERR, nimm diese Missetat deines Knechtes hinweg; denn ich habe sehr töricht gehandelt!"
- Salomo, der große König Israels, betete um Weisheit, um seine Nation richtig zu regieren (1. Könige 3,9):
  „... so gib doch deinem Knecht ein verständiges Herz, dass er dein Volk zu richten versteht und unterscheiden kann, was gut und böse ist. Denn wer kann dieses dein Volk richten?"
- Daniel betete ein Bekenntnisgebet, in dem er die Sünden seines Volkes und seine eigenen bekannte und Gott bat, die Juden zurück in ihre Heimat zu bringen (siehe Daniel 9,2-19):
  „Und ich wandte mein Angesicht zu Gott, dem Herrn, um ihn zu suchen mit Gebet und Flehen, mit Fasten im Sacktuch und in der Asche. Ich betete aber zu dem HERRN, meinem Gott, und ich bekannte und sprach: Ach, Herr, du großer und furchtgebietender Gott, der den Bund und die Gnade

denen bewahrt, die ihn lieben und seine Gebote bewahren!" (Verse 3-4)

- Nehemia betete um Gottes Beistand, als er von dem traurigen Zustand Jerusalems erfuhr (siehe Nehemia 1,4-11; 2,4):
  „Ach Herr, lass doch dein Ohr aufmerksam sein [...] und lass es doch deinem Knecht heute gelingen [...]" (1,11)
- Die Apostel beteten um weitere Führung, nachdem der Herr Jesus zum Himmel aufgefahren war (Apostelgeschichte 1,14):
  „Diese aber blieben beständig und einmütig im Gebet und Flehen, zusammen mit den Frauen und Maria, der Mutter Jesu, und mit seinen Brüdern."
- Der Apostel Paulus betete beständig „für all die Gemeinden", in denen er gedient hatte (2. Korinther 11,28). Er betete ebenso beständig – „Tag und Nacht" – für die Männer, die er in persönlicher Jüngerschaftsbeziehung zugerüstet hatte und an die er sich immer wieder erinnerte (2. Timotheus 1,2-3). Als er einen Brief an Timotheus schrieb, gab er Anweisungen bezüglich des gemeinsamen Gebets in der Gemeinde und sagte: *„So ermahne ich nun, dass man vor allen Dingen Bitten, Gebete, Fürbitten und Danksagungen darbringe für alle Menschen."* (1. Timotheus 2,1)
  Ein wenig später im selben Brief ermahnt er die Männer: *„Ich will nun, dass die Männer heilige Hände zum Gebet erheben."* (Lies Vers 8) Es ist offensichtlich, dass Paulus das Gebet als den wichtigsten Dienst in seinem Leben ansah. Er wollte, dass auch alle anderen Christen eifrige Beter würden.

Die Kunst des Gebets meistern

Hast du bereits ein ausgeprägtes, bedeutsames Gebetsleben? Ich hoffe es! Doch wenn es dir so geht wie den meisten Christen, gibt es da bestimmt noch etwas zu verbessern – vielleicht sogar sehr viel zu verbessern! Wenn es ums Gebet geht, so habe ich das größte Problem damit, dass alle anderen Dinge sich vordrängen, sodass man kaum noch Gelegenheiten zum Beten findet. J. Oswald Sanders, ein sehr bekannter Bibel-Lehrer und Autor, drückte es so aus: *„Um die Kunst des Gebets zu erlernen, braucht es – wie für jede andere Kunst – Zeit. An der Menge der Zeit, die wir dafür aufwenden, wird erkennbar, wie wichtig uns diese Kunst wirklich ist."*

Also – was wird es dich und mich kosten, die Kunst des Gebets zu meistern und ein betendes Herz zu entwickeln?

Zeit – Das ist ein Schlüsselelement in dem Prozess, ein gesundes Gebetsleben zu entwickeln. Wenn du und ich Männer nach Gottes Herzen werden wollen, müssen wir uns eine gewisse Tageszeit zum Gebet einräumen, um die Kunst des Betens und ein betendes Herz zu entwickeln. Für mich ist der frühe Morgen die beste Zeit zum Beten. Es fällt mir leichter, das Gebet als einen Teil meiner Stillen Zeit mit dem Bibellesen zu verbinden.

Oft bete ich (ich weiß, dass das nicht besonders geistlich klingt), während ich laufe. Ich nehme meine Gebetsliste in die Hand und laufe los. Während ich laufe, vergesse ich manchmal mich selbst im Gebet und fühle manchmal nicht einmal die körperliche Anstrengung.

Für dich mag es vielleicht andere Tageszeiten geben,

die für das Gebet besser angebracht sind. (Doch ich würde darauf wetten, dass der frühe Morgen vor der Schule auch für dich die beste Zeit ist.) Welche Zeit es auch immer ist, denke an die Worte von J. Oswald Sanders: Die Menge der dafür verwendeten Zeit zeigt, wie wichtig es dir wirklich ist. Darum lass uns dem Gebet die Zeit einräumen, die es benötigt und verdient. Schließlich ist es ein wichtiges Kennzeichen eines Mannes nach dem Herzen Gottes.

Ort – Als nächstes brauchen wir einen Ort, an dem wir ungestört mit Gott reden können. Dieser Ort kann auch ein Weg sein - wie zum Beispiel in meinem Fall die Laufstrecke oder ein Spazierweg, ein Fahrradweg, dein Schulweg, der Weg zu einem Freund oder auch sonst irgendwohin. Es kann auch ein Raum zu Hause sein, vielleicht dein Zimmer, zu einer Zeit, in der alle anderen noch schlafen. Vielleicht findest du sogar in der Schule einen Raum, in dem du während der Pause ungestört beten kannst.

Du musst dich nicht auf der Toilette einsperren und die Augen zukneifen, um mit Gott über deine Anliegen zu reden. Du musst bloß die richtige Entscheidung treffen. Anstatt Musik zu hören oder über das letzte Fußballspiel nachzudenken, kannst du dich auf Gott konzentrieren und zu ihm beten. In solch einer Gebetshaltung kannst du auch Bibelverse wiederholen und über sie nachdenken. Du kannst ihm auch alles sagen, was dir auf dem Herzen liegt.

Jesus Christus ist das beste Beispiel für einen Mann des Gebets. In den Evangelien sehen wir immer wieder, wie er sich Zeit nimmt, um seinen Vater um Führung und Kraft für sein Leben zu bitten. In Markus 1,35 lesen wir, dass auch er beides hatte – Zeit und einen Ort zum Beten: *„Und am Morgen, als es noch sehr dunkel war, stand er auf, ging hinaus an einen einsamen Ort und betete dort."*

Gewohnheit – Wir brauchen eine Gewohnheit, nach der wir ein Gebetsleben aufbauen können. Wie hast du gelernt, den Ball zu fangen, Fahrrad zu fahren oder Schlittschuh zu laufen? Du hast es gelernt, indem du es getan hast – learning by doing.

So ist es auch mit dem Gebet – wir lernen Beten nur durch Beten. Da gibt es keine Abkürzung. Je regelmäßiger und häufiger du betest, desto mehr wird es dir zur Gewohnheit und desto mehr wirst du die Heiligkeit Gottes und... deine Sündhaftigkeit erkennen. Wiederholung erzeugt Gewohnheit. Die Gewohnheit des Gebets hilft dir, ein Mann nach dem Herzen Gottes, ein Beter zu werden.

Lebensstil – Schließlich müssen wir noch sagen, dass die Bibel uns zu einem Lebensstil, zu einer betenden Haltung auffordert. Es wird uns befohlen, „allezeit zu beten" (1. Thessalonicher 5,17). Weil Gottes Geist in uns wohnt und weil er weiß, wie wir beten sollen (siehe Römer 8,26-27), können wir zielgerichtet beten – zu jeder Zeit, an jedem Ort – als Lebensstil. Bruder, ein betender Lebensstil ist ein klares Merkmal eines Mannes nach dem Herzen Gottes!

Ich bete dafür, dass unsere Diskussion über das Gebet dich hungrig danach macht, diese Eigenschaft eines gottesfürchtigen Charakters in deinem Leben zu fördern.

Dieses Anliegen bewegt mein Herz, während ich dieses Kapitel schreibe. (Ich muss mich wirklich beherrschen, um nicht meine Laufschuhe anzuziehen und loszulaufen, um dafür zu beten... schließlich will ich zuerst dieses Kapitel fertig schreiben!)

Hier noch einige Vorschläge, wie du ein ernsthafteres und beständiges Gebetsleben entwickeln kannst.

Ja, aber wie?

Fang da an, wo du bist. – Fange nicht gleich mit Gebetsnächten oder stundenlangem Gebet an! Nimm dir jeden Tag einige Minuten Zeit zum Beten in der Stille.

Fang mit dem an, was dir wichtig ist. – Bete zuerst für dein geistliches Wachstum. Bete dann für deine Familie. Deine Eltern und Geschwister brauchen deine Gebete! Deshalb bete für jedes Familienmitglied mit Namen, du weißt ja bestimmt, welche Anliegen sie gerade haben. Bete darum, dass du zu Hause, in den familiären Beziehungen ein Mann Gottes sein kannst. Bete dann auch für deine Freunde und dass du ein gutes Zeugnis für sie sein kannst. Die Liste wird immer länger, deshalb...

Fange an, eine Gebetsliste zu führen. – Diese kann eine einfache Karteikarte im DIN A5-Format sein, aber auch ein gegliedertes Notizheft. Schreibe eine Liste von Leuten und Anliegen, die dir und Gott wichtig sind. Dann bete treu für diese Menschen und Anliegen. (Selbst wenn du ein Gebetsbuch hast, ist ein kleines Gebetskärtchen dennoch sehr sinnvoll und praktisch, denn das kannst du überall reinstecken und mitnehmen. Überall, wo du bist, kannst du dann bei Gelegenheit das Kärtchen hervorholen und für die wichtigsten Anliegen beten.)

Fang an, die Gewohnheit des Betens zu entwickeln. – Um eine Gewohnheit zu entwickeln, muss man etwas jeden Tag – am Besten immer um die gleiche Zeit – praktizieren. Alle Männer nach dem Herzen Gottes sind Beter, darum musst auch du einer werden!

Fang an, Gott um Weisheit zu bitten. – Bitte ihn um Weisheit, wie du beten sollst (siehe Römer 8,26-27).

Fang an, den Segen zu ernten. – Es ist jedes Mal eine großartige Erfahrung, zu sehen, wie Gott unser Gebet erhört. Bring ihm deine Gebete und erfahre den Segen der Erhörung!

Verwandle dein Leben in ein extremes Abenteuer

Und wieder stehen wir vor derselben Frage. Willst du dem Herrn nachfolgen, auch wenn es hart wird? Willst du sein Mann sein und das Leben anderer Menschen zum Guten beeinflussen? Dann ist das Gebet ein Muss für dich! Und die Nebeneffekte sind fantastisch, wenn du erst anfängst, die Segnungen zu ernten. Mein Freund Terry Glaspey bemerkt in seinem Buch über das Gebet: „Das Gebet ist tatsächlich einer der wichtigsten Faktoren unseres Wachstums. Es kann mit völliger Sicherheit gesagt werden, dass Christen, die beten, geistliches Wachstum erleben."

Lieber Bruder, die Liste der Eigenschaften eines Mannes nach dem Herzen Gottes geht noch weiter – wir werden darum im nächsten Kapitel ein weiteres Merkmal betrachten. Doch bevor wir das tun, lass uns noch einmal zusammenfassen, was wir bisher über einen Mann nach dem Herzen Gottes gelernt haben. Ein solcher Mann hat ...

- ein Herz, das gerettet ist,
- ein Herz für Gottes Wort,
- ein Herz, das gehorcht und
- ein Herz, das betet.

Nimm dir einige Minuten Zeit zu beten, dass Gott dir ein solches Herz schenkt!

Schwere Entscheidungen für heute

Hast du die wichtigste Entscheidung – regelmäßig zu beten – schon getroffen? Wenn nicht, was hält dich davor zurück? Sei ehrlich. Nenne zwei oder drei Schritte, die du noch heute tun willst, um das Abenteuer des Gebets zu beginnen.

– Jeden Morgen ein paar Minuten sich Zeit nehmen um zu beten

Mache für jedes Mitglied deiner Familie ein Gebetskärtchen. Fang an, täglich für sie zu beten. Weißt du nicht, wofür du beten sollst? Dann frag einfach! Frage jedes Familienmitglied, welche Anliegen es hat, für die man beten sollte.

Fertige ein Gebetskärtchen mit der Überschrift „Ausstehende Entscheidungen" an. Schreibe auf, welche Entscheidungen (kleine und große) du treffen musst und bringe sie täglich vor Gott. Bitte Gott um die richtige Entscheidung und schreibe diese auf.

Notiere auf deine Gebetsliste den Namen der Person, die dir das Leben oft schwer macht. Bete täglich für diesen Menschen. Tue das treu, Tag für Tag. Frage dich einen Monat später, ob und wie deine persönliche Haltung gegenüber dieser Person sich verändert hat. Schreibe es auf.

- Bete für die Personen, die dir das leben oft schwer machen.

Die Messerklinge

„Strebe eifrig danach, dich Gott als bewährt zu erweisen, als einen Arbeiter, der [...] das Wort der Wahrheit recht teilt." (2. Timotheus 2,15)

Lies Matthäus 7,7-8. Welche Anweisungen gibt Jesus bezüglich des Gebets? Was verspricht er als Ergebnis?

- Wir sollen bitten
↳ so werden wir empfangen

Lies Markus 1,35. Was kannst du hier über das Gebetsleben des Herrn Jesus erfahren? Was kannst du daraus für dein Leben lernen bzw. in dein Leben übernehmen?

- Er betete beständig
- Er macht sich die ~~Hahe~~ Mühe
- Ich soll ausharren im Gebet
- Ich soll ungestört & konzentriert beten

Lies Philipper 4,6-7. Wie kann das Gebet helfen, wenn du Probleme und Sorgen hast?

- „Der Friede Gottes, wird eure Herzen & eure Gedanken bewahren in Christus Jesus"

Lies Jakobus 5,16-18. Welche Auswirkung hat das Gebet eines Gerechten – eines Mannes nach dem Herzen Gottes – laut Vers 16? Was sagen die Verse 17-18 über das Gebetsleben Elias? Worin ist das Gebetsleben Elias ein Vorbild für uns?

- Heiligung
- Elia betete „inständig"
- „Das Gebet eines Gerechten vermag viel, wenn es ernstlich ist."

Kapitel 5

Was macht dich zu einem Mann nach dem Herzen Gottes? (Teil 2)

„Gott ist Geist, und die ihn anbeten, müssen ihn im Geist und in der Wahrheit anbeten.“ (Johannes 4,24)

Was sind die Kennzeichen eines Mannes nach dem Herzen Gottes? Und wie können wir diese wunderbaren Merkmale in unserem Leben entwickeln? Da wir uns gerade dazu aufmachen, mehr Antworten auf diese wichtigen Fragen zu entdecken, muss ich dich rechtzeitig vorwarnen: Sich diese Charaktereigenschaften anzueignen, ist nicht einfach. Darum finden sie sich auch nicht in jedem durchschnittlichen Mann. Nein, es handelt sich um extreme Kennzeichen, die einen besonderen Mann – das Alter spielt dabei keine Rolle – von der großen Masse abheben. Und gerade diese Merkmale kennzeichnen die Art dieser seltenen Männer, die Gott sucht:

- einen Mann, der sich in den „Riss“ stellt (Hesekiel 22,30),
- einen Mann, der *„Recht übt und nach Wahrhaftigkeit strebt“* (Jeremia 5,1),
- einen Mann, der *„ein gutes Zeugnis hat außerhalb der Gemeinde“* (1. Timotheus 3,7),
- einen Mann, der „untadelig“ ist (Titus 1,6).

Hast du das Verlangen, einer von solch seltenen guten Männern zu werden? Einer der herausragenden Männer? Einer von denen, die diese Welt zum Guten verändern? Dann los, lass uns aufbrechen! Zwei wichtige Kennzeichen eines solchen Mannes haben wir schon entdeckt: *Ein Herz, das Gott gehorcht, und ein Herz, das betet.* Nun wollen wir einige weitere, sehr wichtige Merkmale der Männer betrachten, die sich dem extremen Abenteuer der Nachfolge Jesu verschrieben haben.

Ein Herz, das Gott lobt

Was kommt dir gewöhnlich in den Sinn, wenn du an den König David denkst? Wenn es dir so wie mir geht, kommen dir zuerst seine heldenhaften Errungenschaften in den Sinn:

- Er kämpfte mit einem Löwen und einem Bären.
- Er besiegte einen Riesen.
- Er war ein gewaltiger Kriegsheld, der viele Feinde besiegte.
- Er war ein großartiger Anführer.
- Er war ein kreativer Baumeister, der Architekt der „Stadt Davids".
- Er war der Schrecken seiner Feinde.
- Er war einer der größten Könige der Antike.

Es besteht kein Zweifel darin – David war der Held aller Helden, ein ganzer Mann und hervorragender Leiter. Und doch hatte David ein zartes Herz gegenüber Gott. Zwar hat David nicht immer gerecht gehandelt, aber Gott war seinen Gedanken nie fern. Er kannte das „Geheimnis" seines Erfolges – Gott!

Bei einer Gelegenheit kam David ganz gerührt zum Herrn und bewunderte seine Segnungen: *„Wer bin ich, HERR, du mein Herr, und was ist mein Haus, dass du mich bis hierher gebracht hast?"* (2. Samuel 7,18) David konnte die

Güte Gottes nicht fassen und konnte daher nicht anders, als in Lobpreis auszubrechen.

Wenn du diese Worte Davids liest, solltest du daran denken, wie reich Gott dich beschenkt hat. Du bist durch die Gnade Gottes errettet worden. Du hast seinen Heiligen Geist bekommen, der in dir lebt, um dich zu führen und zu bewahren. Ich weiß gar nichts über deine Familie, doch ich vermute, dass du Eltern hast, die für deine Bedürfnisse sorgen.

Du hast also ganz offensichtlich viele Gründe, Gott zu loben. Und selbst wenn du meinst, dass in deinem Leben hier oder dort etwas fehlt, hast du immer noch viele Gründe, Gott zu verherrlichen und zu preisen. Dein liebender und allwissender Gott weiß, wer du bist, wo du bist und was du brauchst. Und er hat verheißen, für dich zu sorgen (Psalm 23,1). Darum – preise ihn von Herzen und häufig! Der König David zeigt uns, wie man Gott lobt:

„Ich will dem HERRN danken für seine Gerechtigkeit, und dem Namen des HERRN, des Höchsten, will ich lobsingen." (Psalm 7,18)

„Lobsingt dem HERRN, ihr seine Getreuen, und preist seinen heiligen Namen!" (Psalm 30,5)

„Ich will den HERRN preisen allezeit, sein Lob soll immerzu in meinem Mund sein." (Psalm 34,2)

David ist ein gutes Vorbild für uns, nicht wahr? Er zeigt uns, dass ein echter Mann nach dem Herzen Gottes sich nicht davor scheut, seine Liebe zu Gott zum Ausdruck zu bringen. Wo auch immer David sich befand, lobte er seinen Gott.

Auch du, als jemand der Gott liebt, sollte sich nicht

im Geringsten davor scheuen, Gott zu loben. Ob du mit deinen Freunden unterwegs bist, ob du an einem Projekt arbeitest, Hausaufgaben erledigst oder dich mit der Familie ausruhst – als Mann Gottes solltest du Gott beständig „Opfer des Lobes" darbringen (lies Hebräer 13,15).

Ja, aber wie?

Wie kannst du dahin kommen, Gott aufrichtig und beständig zu preisen? Probiere diese Wege:

Denke über Gottes Macht nach. – Es vergeht kaum ein Tag, an dem ich nicht an die Worte Paulus' denke: *„Ich vermag alles durch den, der mich stark macht, Christus."* (Philipper 4,13) Hast du heute ein Problem? Stehst du vor einer Herausforderung in der Schule, zu Hause oder mit Freunden? Dann verhilf dir selbst zu der Kraft Gottes! Sie ist für dich verfügbar, wie sein heiliges Wort es sagt. An diese Macht Gottes, mit der er dir beisteht, zu denken, erzeugt Dankbarkeit – welche in Lobpreis mündet!

Lerne Lobpsalmen auswendig. – Ich liebe Psalm 118,24: *„Dies ist der Tag, den der HERR gemacht hat; wir wollen uns freuen und fröhlich sein in ihm!"* Dieser Vers erhebt das Gemüt! Wenn ich manchmal in den Herausforderungen des Alltags beinahe versinke, hilft mir dieser auswendig gelernte Vers, wieder neuen Mut zu haben und mich an Gott zu freuen! Versuche es. Lerne diesen Vers auch auswendig. Gottes Wort verwandelt jeden neuen Tag – ganz gleich, wie schwer deine Aufgaben oder deine Situation auch sein mögen – in etwas Lobenswertes.

Lerne Gottes Verheißungen kennen. – Statistiken über die Anzahl der Verheißungen in der Bibel geben unterschiedliche Zahlen an, so zwischen 7.487 und 30.000. Ich möchte dir dringend raten, dir eine von diesen anzueignen. Irgendeine! Ich suche zig Mal am Tag Hilfe in den Verheißungen Gottes - wie zum Beispiel in dieser: *„Gepriesen sei der HERR! Tag für Tag trägt er unsere Last, Gott ist unser Heil!"* (Psalm 68,20). Diese Verheißung ermutigt mich, wenn ich viel zu tun habe und unter Druck stehe, ein Projekt bis zu einem bestimmten Termin abschließen zu müssen. Vielleicht trägst du auch eine Last – Hausaufgaben, Probleme mit Freunden, vollgeplante Tage und Wochen. Freund, eigne dir diese Verheißung an und dann sieh, was mit deiner Last geschieht. Du bekommst Freiheit, neue Zuversicht und Kraft. Und dann wirst du Gott danken und loben wollen wie der Psalmist.

Staune über Gottes Fürsorge. – Paulus erklärte freimütig: *„Mein Gott aber wird allen euren Mangel ausfüllen nach seinem Reichtum in Herrlichkeit in Christus Jesus."* (Philipper 4,19) Was für einen wunderbaren Gott hast du – er verspricht dir, für alle deine Bedürfnisse zu sorgen! Damit hast du einen Grund mehr, ihn zu loben!

Staune über Gottes Gegenwart. – David hörte nicht auf darüber zu staunen, dass Gott überall bei ihm war. Er drückt sein Erstaunen mit diesen Worten aus: *„Wo sollte ich hingehen vor deinem Geist, und wo sollte ich hinfliehen vor deinem Angesicht?"* (Psalm 139,7) Die Antwort auf die rhetorischen Fragen Davids ist immer: „Nirgends!" Denk einmal darüber nach: Wo auch immer du hingehst

– Gott ist da. Unabhängig davon, was unterwegs oder am Ziel geschieht – Gott ist immer bei dir.

Das Bewusstsein der ständigen Gegenwart Gottes sollte deine Weltsicht entscheidend beeinflussen. Weil David es verstanden hatte, dass Gott immer bei ihm war, erklärte er: *„Ich habe den HERRN allezeit vor Augen; weil er zu meiner Rechten ist, wanke ich nicht."* (Psalm 16,8) Was für eine Zuversicht!

Bewundere den Herrn für seinen Schutz. – Der König Saul, der vor David auf dem Thron Israels saß, versuchte immer wieder, David umzubringen. Deshalb musste David in seinen jungen Jahren sehr vorsichtig sein. Manchmal musste er wegen der Morddrohungen Sauls die Stadt verlassen. Doch inmitten dieser lebensbedrohlichen Umstände versicherte David: *„Und wenn ich auch wanderte durchs Tal der Todesschatten, so fürchte ich kein Unglück, denn du bist bei mir; dein Stecken und dein Stab, die trösten mich."* (Psalm 23,4) Wann immer du Angst hast – du kannst inneren Frieden haben, wenn du daran denkst, dass Gottes mächtige Hand dich beschützt.

Freund, wenn du an Gottes Gegenwart denkst und ihn für seine Macht, seine Verheißungen, seine Fürsorge und für seinen Schutz lobst, wirst du gestärkt und ermutigt werden, die größten Schwierigkeiten deines Lebens zu meistern. Darum – fange noch heute an, Psalm 34,2 in die Tat umzusetzen: *„Ich will den HERRN preisen allezeit, sein Lob soll immerzu in meinem Mund sein."* Das wird deine Lebenshaltung revolutionieren!

Ein Herz, das Gott anbetet

David war ein Mann der extremen Leidenschaft, ein wahrer Mann nach dem Herzen Gottes. Er liebte Gott. Er liebte Gottes Wort. Er liebte das Gebet. Und er liebte es, Gott anzubeten. Deshalb hatte er noch eine andere starke Leidenschaft: *„Zum Hause des HERRN zu gehen“*. Er sehnte sich danach, Gott anzubeten. Sein Herz schrie:

„HERR, ich habe lieb die Stätte deines Hauses und den Ort, da deine Herrlichkeit wohnt!“ (Psalm 26,8)

„Eines erbitte ich von dem HERRN, nach diesem will ich trachten: Dass ich bleiben darf im Hause des HERRN mein ganzes Leben lang, um die Lieblichkeit des HERRN zu schauen und ihn zu suchen in seinem Tempel.“ (Psalm 27,4)

Freund, genau wie bei David sollte es dein Verlangen sein, Gott anzubeten, zur Kirche zu gehen, mit dem Volk Gottes zusammen zu sein. Das ist eine natürliche Reaktion eines Menschen, der Gott mit seinem ganzen Herzen, mit seiner ganzen Seele, mit seinem ganzen Verstand und mit seiner ganzen Kraft liebt (siehe Lukas 10,27). Der wöchentliche Gottesdienst sollte der Höhepunkt aller deiner sonstigen Aktivitäten sein. Du solltest dich auf jeden Gottesdienst freuen. Denk einmal darüber nach, wenn du zur Kirche gehst, dann...

- *wird dir dort Gottes Wort erklärt,*
- *werden dir dort die wichtigsten Wahrheiten des christlichen Glaubens vermittelt,*
- *kannst du dort mit anderen Christen beten,*
- *kannst du Gott mit Liedern und mit Musik loben,*
- *bekommst du einen Blick für andere Menschen in der Welt,*
- *hast du Gemeinschaft mit anderen Gläubigen,*

- *verlässt du für einige Stunden die Welt, um an etwas teilzuhaben, was zu 100% gut ist,*
- *verbindest du dich mit anderen, die dem Herrn gehören,*
- *kannst du Freundschaften aufbauen, die auf gemeinsamer Liebe zum Herrn basieren,*
- *lernst du Gottes Wort besser verstehen, indem du es Stück für Stück betrachtest,*
- *bekommst du Weisheit für Entscheidungen, die du zu treffen hast,*
- *lernst du, wie du Gottes Wort auf dein alltägliches Leben anwenden kannst.*

O Mann! Wo sonst kannst du all das (und noch mehr) bekommen?! Und denke daran: Deine Verbindlichkeit zur Teilnahme an Gottesdiensten wird anderen zum Vorbild. Du zeigst damit auch sehr deutlich deine Verbindlichkeit gegenüber Christus. Deine Freunde und deine Familie können darin deine Hingabe zu Gott ablesen. Wenn deine Verbindlichkeit, Gott mit anderen Gläubigen zusammen anzubeten, echt ist, werden Menschen das sehen und dadurch beeinflusst werden.

Es mag dir nicht besonders aufregend oder erstrebenswert erscheinen, ein Mann der Bibel, des Lobpreises und der Anbetung zu werden, aber Gott sieht das anders. Und es gibt noch ein weiteres Merkmal eines Mannes nach dem Herzen Gottes, das dir vielleicht nicht besonders „männlich" erscheint – ein dienendes Herz.

Ein Herz, das dient

Ein dienendes Herz ist ein weiteres Merkmal der großen Männer Gottes. Es gab nie einen größeren und männlicheren Mann als Jesus Christus – und denke einmal daran: Er kam auf die Erde, um ein Diener zu werden! Er sagte es selbst in Matthäus 20,28: *„... gleichwie der Sohn des Menschen nicht gekommen ist, um sich dienen zu lassen, sondern um zu dienen und sein Leben zu geben als Lösegeld für viele.“* Weißt du, was das für dich und mich bedeutet? Wenn wir Männer nach Gottes Herzen sein wollen, müssen wir in die Fußstapfen Jesu treten (siehe 1. Petrus 2,21) – in die Fußstapfen des Dienerseins.

Vor vielen Jahren traf ein Reiter eine Gruppe Soldaten, die einen gefällten, großen Baum wegziehen wollten. Einer gab ständig Befehle, die anderen strengten sich an, aber ohne Erfolg. – „Warum packst du nicht mit an?“, fragte der Reiter. Da antwortete dieser Mann ganz wichtig: „Ich? Nee, ich bin der Hauptmann, verstehen Sie?“ Der Fremde stieg vom Pferd und packte mit den Soldaten an. Er lächelte ihnen zu, zählte bis drei und der Baum bewegte sich. Nach erledigter Arbeit bestieg der Fremde sein Pferd und sagte zum Hauptmann: „Falls Sie wieder so eine schwere Arbeit haben, rufen Sie den General!“

Der Fremde, der mit angefasst hatte, war George Washington. Er war einer von den großen Männern Amerikas – und seine wahre Größe bewies er durch sein dienendes Herz! Nicht der ist groß, der Befehle erteilt, sondern derjenige, der gerne dient.

Ich traf neulich einen Mann, der total „besessen“ war von dem Wunsch, anderen zu dienen. Er konnte es nicht abwarten, am Sonntag zur Kirche zu kommen, um den anderen Gemeindemitgliedern zu dienen. Doch nicht nur das – er suchte auch in der Woche nach Gelegenheiten dazu! Ein solcher Eifer, ein solches Verlangen zu dienen, erscheint uns auf den ersten Blick abnorm zu sein, weil wir in einer ich-bezogenen Gesellschaft leben. Doch dieses extreme Verlangen, anderen zu dienen, ist Christus sehr ähnlich. Ein solches Verlangen ist göttlich. Es ist – wie ich schon sagte – ein wahres Kennzeichen eines Mannes nach dem Herzen Gottes: Ein Herz, das sich danach sehnt, anderen zu dienen.

Als fleischliche Menschen neigen wir ganz natürlich (und selbstsüchtig) dazu, zuerst für unsere eigenen Belange zu sorgen. Wir wollen stets sicherstellen, dass wir genug Zeit haben, um etwas zu tun, was wir eben tun möchten. Wenn dann noch Zeit und Energie übrig bleibt, sind wir auch mal bereit, anderen zu dienen... vielleicht.

Aber als Männer nach dem Herzen Gottes müssen wir beide uns Gott als seine Diener zur Verfügung stellen. So wie diese Männer der Bibel:

- Gott sprach von Abraham als von seinem Knecht: 1. Mose 26,24.
- Als Josua starb, nannte man ihn einen „Knecht des HERRN“: Josua 24,29.
- Auch David wurde von Gott „mein Knecht“ genannt: 2. Samuel 7,5.
- Gottesfürchtige Männer wurden von der Gemeinde in Jerusalem zum Dienst an den Witwen ausgewählt: Apostelgeschichte 6,1-6.
- Der Apostel Paulus nannte sich selbst einen Sklaven Gottes: Römer 1,1.

Wie du siehst, ist Dienst für Gott und die Seinen keine unbedeutende Aufgabe. Es ist ein unentbehrliches Kennzeichen eines Mannes nach dem Herzen Gottes.

Verwandle dein Leben in ein extremes Abenteuer

Der Slogan der US-Marine besagt, dass sie „wenige gute Männer“ suchen. Warum wenige? Wahrscheinlich haben sie im Krieg gelernt, dass einige wenige „gute Männer“ besser sind, als viele „unverbindliche Männer“, auf die man sich nicht verlassen kann.

Der Herr hält Ausschau nach einigen „wenigen guten Männern“ für sich selbst. Aber wie wir am Anfang des Kapitels gesehen haben, sind „gute Männer“ schwer zu finden. Ich hoffe, dass du dich beim Lesen verpflichtet hast, ein solcher Mann zu werden!

Mit dieser Verpflichtung im Herzen wollen wir es als Brüder gemeinsam im Gebet festmachen, Gottes „ausgezeichnete Männer“ für Christus zu werden:

Herr Jesus, ich bitte Dich, dass, wenn andere mein Leben anschauen, sie Dein Leben durch mich hindurchscheinen sehen. Arbeite Du an meinem Leben. Mache mich zu einem Deiner „auserwählten Männer“, damit auch andere den Wunsch bekommen, Dir nachzufolgen, wenn sie in meinem Leben diese Eigenschaften sehen.

Ich bitte Dich, lass mich zu einem Mann werden, der...

... ohne Widerrede Deinem Wort gehorcht,
... betet ohne Unterlass,
... Dich beständig lobt,
... Dich bewundert, anbetet und
... anderen
bedingungslos dient.

Schwere Entscheidungen für heute

Wie frei bist du darin, Gott vor anderen zu loben? Warum – oder warum nicht?

Was kannst du tun, um deine Liebe zur Gemeinde zu entfachen? Was sollte sich an deiner Haltung gegenüber der Gemeinde, den Menschen darin und gegenüber deinem Dienst ändern? Wo könntest du in der Gemeinde verbindlich dienen?

- Ich werde gelehrt wie ich ein gottwohlgefälliges-Leben führe
- Ich habe Gemeinschaft mit Gläubigen

Wie hast du bisher über die Rolle eines Dieners gedacht? Hat sich deine Sicht geändert, nachdem du gelernt hast, dass Dienst ein Kennzeichen eines Mannes nach dem Herzen Gottes ist?

Was könntest du noch heute tun, um deiner Familie einen Dienst zu erweisen? Einem deiner Freunde? Einem Feind?

- Dinge tun, die ich nicht gerne tue (und zwar von Herzen)
- Andere höher achten
- Meinem Nächsten den Vorrang lassen

Die Messerklinge

„Strebe eifrig danach, dich Gott als bewährt zu erweisen, als einen Arbeiter, der [...] das Wort der Wahrheit recht teilt." (2. Timotheus 2,15)

Lies Philipper 2,3-8. Worum geht es in diesen Versen?

- Gehorsam - Blick auf Andere
- Dienst in Demut

Wessen Leben wird in diesen Versen beschrieben?

- Eines wahren Christen
↳ Paulus

Was tat diese Person? Schreibe mindestens drei Fakten auf.

- Verfolgung der Christen
- hörte Gottes Stimme
- erettet, gibt das Evangelium weiter

Welche Veränderungen wirst du in deinem Leben – und in deinem Herzen – vornehmen, um ein dienendes Herz zu entwickeln? Nenne mindestens drei Dinge.

- Den Anderen höher zu achten
- Ihm den Vorrang lassen
- Freundlich sein

Wie können diese Verse dich dazu ermutigen, Jesus Christus zu preisen und anzubeten?

– Er ist uns ein Vorbild darin
↳ wir können von ihm lernen

Was sagen die Verse 10 und 11 über das Preisen des Herrn Jesus Christus?

– Alle sollen es tun

– Sie sollen bekennen, dass Jesus Christus der Herr ist

Lies Apostelgeschichte 6,1-6. Beschreibe das Problem in wenigen Worten.

Wie wurde das Problem gelöst?

– Es wurden gottesfürchtige Männer eingesetzt

Nach welchen Kriterien wurden die Männer (es waren Männer nach dem Herzen Gottes, V.3) ausgesucht?

- gutes Zeugnis
- Weisheit
- Heiligen Geist

Wie ist deine Einstellung gegenüber regelmäßigen Diensten?

Was lernst du aus Philipper 2,3-8 und Apostelgeschichte 6,1-6 über deine Rolle als Diener?

- Ich soll JEDEM in Demut und Freundlichkeit dienen, sodass sie ~~erkennen~~ dein Leben durch mich hindurch scheinen sehen

Teil 2: Wir kommen in Fahrt

Kapitel 6

Training im „Camp Home“ (Teil 1)

„Du sollst deinen Vater und deine Mutter ehren...“ (Epheser 6,2)

Es war Februar. Eine ganze Woche lang hatte es geregnet. Der Erdboden bestand aus einem riesigen Fluss aus Schlamm. Und mittendrin war ich, junger Soldat der US-Army, in der Grundausbildung am Fort Polk, Louisiana. Mein Ziel: Ausbildung zum Kampfsoldat. Meine Truppe befand sich im zweiten Monat einer viermonatigen Ausbildung. Während dieser Zeit gingen wir durch jede denkbare Art körperlicher Anstrengung hindurch. Angefangen um 4:00 Uhr morgens bestand unser Tagesprogramm aus einem Zwei-Meilen-Dauerlauf vor dem Frühstück, Handgefecht-Training, stundenlangen Schießübungen und unzähligen Liegestützen – es war mörderisch!

Dieses Training war notwendig, um ein Soldat zu werden. Ohne einen erfolgreichen Abschluss dieser Grundausbildung wäre ich für den Krieg in Südost-Asien – der zu der Zeit im Gange war – nicht ausreichend vorbereitet gewesen.

Nun, eine Ausbildung, wie ich sie im Fort Polk durchmachen musste, ist für dich jetzt nicht dran. Doch es ist höchste Zeit für dich, ein andersartiges Training für das

Leben zu beginnen. Diese Art von Training ist ein Muss für jeden jungen Mann, der sich auf die Kämpfe des Lebens vorbereitet. Diese Grundausbildung bekommst du im offiziellen Trainingslager Gottes, welches „Camp Home" heißt – dort, wo du zu Hause bist. Als junger Rekrut hast du die Aufgabe, diese Grundausbildung erfolgreich zu absolvieren, um für die Kämpfe – und vor allem für die Siege in diesen Kämpfen – gut vorbereitet zu sein. Man könnte es so sagen:

Dein Zuhause ist Gottes Trainingslager für deine Zukunft. Trainiere gut, und du wirst die Fähigkeiten entwickeln, die dein Leben produktiv und einflussreich machen. Versagst du in diesem Training am „Camp Home", ist ein Leben voller Fehler und Versagen fast vorprogrammiert.

Hört sich ganz schön heftig an, nicht wahr? Nun, das ist es! So wie meine Soldaten-Grundausbildung extrem hart, aber notwendig war, ist auch deine Lebens-Grundausbildung zu Hause äußerst notwendig. Doch woraus besteht dieses Training eigentlich?

Dieses Training besteht hauptsächlich aus einem einzigen Befehl, aus einem Auftrag Gottes an dich. Bei diesem Auftrag duldet Gott keine Umwege oder Abkürzungen. Entweder du schaffst es oder du versagst darin: *„Du sollst deinen Vater und deine Mutter ehren."* (Epheser 6,2) Das war's! Ein Soldat lernt, Befehle auszuführen. Ein Mann Gottes muss dasselbe tun. Fange mit diesem Befehl an, und du wirst die Grundausbildung am „Camp Home" erfolgreich absolvieren. Lerne, diesen Befehl auszuführen, und du bist auf dem besten Weg, ein Mann nach dem Herzen Gottes zu werden, der auch alle anderen Befehle Gottes ausführt.

Die Eltern ehren

Dieser Befehl in Epheser 6,2 war keine neue Idee von Paulus. Schon im Alten Testament gab Gott selbst diesen Befehl und zwar durch Mose. Hast du schon mal von den Zehn Geboten gehört? Nun, dieser Befehl ist das fünfte Gebot. Du kannst es in 2. Mose 20 nachlesen.

Die ersten vier Gebote geben uns Anweisungen bezüglich unserer Beziehung zu Gott: Wir sollen keine anderen Götter haben, keine Götzenbilder machen, den Namen Gottes nicht missbrauchen und den von Gott eingesetzten Feiertag (Sabbat) heiligen (siehe 2. Mose 20,1-11).

In den weiteren sechs Geboten geht es um unsere Beziehung zu unseren Mitmenschen. Und weißt du, welches Gebot das erste von diesen ist? - Richtig, es lautet: „Ehre deinen Vater und deine Mutter“ (V. 12). Das ist der erste Befehl Gottes an dich und deshalb von besonders großer Bedeutung! Es ist kein Vorschlag, es ist ein Befehl. Als ein junger Mann nach dem Herzen Gottes musst du deine Eltern ehren.

Nun, was bedeutet es, die Eltern zu ehren? Ich habe eine Definition gefunden, die mir sehr gefällt, weil sie keine Schlupflöcher offen lässt, keine Ausreden wie „aber wenn“, „ja, aber“ oder „mal sehen“:

> *Was bedeutet es, die Eltern zu „ehren“? „Ehren“ beinhaltet, gut von ihnen zu reden und freundlich zu ihnen zu sein. Es bedeutet auch, sie höflich und mit Respekt zu behandeln (aber ihnen nicht in den Ungehorsam gegenüber Gott zu folgen). Eltern haben in Gottes Augen einen besonderen Stellenwert. Selbst wer Schwierigkeiten hat, mit seinen Eltern auszukommen, ist dazu aufgerufen, sie zu ehren.*

Ist dir der Satz aufgefallen: „Eltern haben in Gottes Augen einen besonderen Stellenwert“? Was meinst du, was das bedeutet? Man könnte sagen, wenn es um dein Training geht, steht Gott auf der Seite deiner Eltern. Es ist eine schwere Aufgabe, die er deinen Eltern aufgetragen hat. Du glaubst, du hättest es schwer? Alles, was du tun und lernen musst, ist zu gehorchen. Aber schau mal, was deine Eltern alles müssen:

- Eltern haben den Auftrag von Gott, ihre Kinder zu unterweisen: 5. Mose 6,7.
- Eltern haben den Auftrag von Gott, die Kinder zu erziehen: Epheser 6,4.
- Eltern haben den Auftrag von Gott, die Kinder zu strafen und zu korrigieren: Hebräer 12,7.

So wie du vor Gott dafür verantwortlich bist, seinem Befehl zu befolgen und deinen Eltern zu gehorchen und sie zu ehren, sind deine Eltern vor Gott dafür verantwortlich, wie sie alle seine Befehle ausführen. Mache es deinen Eltern darum nicht unnötig schwer. Sie leben in der großen Herausforderung, dich im Auftrag Gottes zu erziehen. Wenn es zu Hause mal brenzlig wird und du deine Eltern am liebsten gegen andere eintauschen würdest, dann denke daran: Deine Eltern versuchen doch nur, ihren Auftrag auszuführen.

Die Eltern entehren

Wenn ich an das Gebot denke, die Eltern zu ehren und ihnen zu gehorchen, kann ich nicht anders, als an einige Männer in der Bibel zu denken, die ihre Eltern nicht geehrt haben. Sie entehrten ihre Eltern und waren alles andere als Männer nach dem Herzen Gottes:

Esau war der Sohn Isaaks und der Zwillingsbruder Jakobs (siehe 1. Mose 25,19-26). Er ehrte seine Eltern nicht und suchte nicht nach ihrer Zustimmung bei der Wahl seiner Ehefrau. Seine Ehe vermieste seinen Eltern das Leben (siehe 1. Mose 26,35).

Die beiden Söhne Elis, des Hohenpriesters von Israel, waren ungehorsam und verdorben. Und weil Eli seine Söhne nicht strafte, verurteilte Gott beide – die Söhne und den Vater – zum vorzeitigen Tod. Die Söhne starben in einer Schlacht und Eli starb, als er davon hörte.

Das sind nur ganz wenige Beispiele für Menschen, die ihre Eltern nicht ehrten und dadurch viel Kummer und Schmerz über sich selbst und über ihre Familien brachten. Doch Gott sagt, dass das ein völlig falscher Weg ist. Er verspricht, dass es dir gut gehen wird, wenn du deine Eltern ehrst: *„damit es dir gut geht und du lange lebst auf Erden."* (Epheser 6,3) Der Ungehorsam Esaus brachte Elend in die Familie und der Ungehorsam der Söhne Elis führte zu ihrem schnellen Tod.

Gottes Wort ausprobieren

Willst du, dass es bei dir zu Hause geordnet und friedlich zugeht? Möchtest du ein besseres Leben führen? Dann schau dir diese Verse genau an, sie sind von Gott speziell für dich als Kind deiner Eltern geschrieben worden. Bist du bereit zum extremen Gehorsam?

„Mein Sohn, vergiss meine Lehre nicht, und dein Herz bewahre meine Gebote! Denn sie werden dir Verlängerung der Tage und Jahre des Lebens und viel Frieden bringen." (Sprüche 3,1-2)

„Ihr Kinder, seid gehorsam euren Eltern in dem Herrn; denn

das ist recht. Du sollst deinen Vater und deine Mutter ehren, das ist das erste Gebot mit einer Verheißung: „damit es dir gut geht und du lange lebst auf Erden“. (Epheser 6,1-3)

„Ihr Kinder, seid gehorsam euren Eltern in allem, denn das ist dem Herrn wohlgefällig!“ (Kolosser 3,20)

Ja, aber wie?

Bist du nun davon überzeugt, dass es äußerst wichtig ist, deine Eltern zu ehren und ihnen zu gehorchen? Gottes Wort ist darin unmissverständlich. Die Frage ist nun, wie du deinen Eltern die Ehre erweisen kannst? (Wie das Gehorchen funktioniert, ist eigentlich nicht schwer zu verstehen.)

Bist du bereit, einige Antworten zu hören? Dann fange jetzt sofort damit an, Gott um Mut und Ausdauer zu bitten, dieses Training erfolgreich durchzustehen – und zwar nicht nur solange du im „Camp Home“ wohnst, auch darüber hinaus, dein ganzes Leben lang. Lerne dein junges Leben jetzt zu beherrschen und du wirst an der Front des Lebens deinen Mann stehen können. Du wirst die Kämpfe des Lebens siegreich ausfechten können in dem Wissen, dass Gott an deiner Seite steht. Wenn du diese kleinen Dinge heute lernst, wirst du ausgerüstet sein, die großen Dinge von morgen zu tun.

Deine Haltung

Deine Eltern zu ehren, beginnt bei dir! Niemand kann dich dazu zwingen, sie zu ehren und ihnen (von Herzen) zu gehorchen. Sie können es sicherlich versuchen. Sie können dich schlagen, einsperren, bestrafen und sich viele Dinge einfallen lassen, um dich zum Gehorsam zu zwingen. Und sie mögen damit sogar einen gewissen Erfolg haben – äußerlich zumindest. „Ja, ja, ich werde mein Zimmer aufräumen. Ja, ja, ich werde es tun...", murrst du dann. „Ich tue alles, damit du mich in Ruhe lässt!" - Aber in deinem Inneren, in deinem Herzen sagst du: „Äußerlich muss ich dir ja gehorchen, aber innerlich lasse ich mir von keinem etwas sagen!"

Nun, ich hoffe, dass ich nicht von dir rede! Vielleicht rede ich von dem frechen Kerl in der Nachbarschaft oder einem deiner Mitschüler. Nein, als ein Mann nach dem Herzen Gottes kannst du eine solche Einstellung gar nicht haben, denn es ist dein Anliegen, deine Eltern zu ehren und ihnen zu gehorchen. Natürlich kann es passieren, dass du manchmal einen Ausrutscher hast. Auch fällt es dir manches Mal schwer, deinen Eltern zu gehorchen. Aber du musst unbedingt verstehen – das Training am „Camp Home" ist ein Training fürs Leben. Es ist die erste Lektion, die Gott dir beibringen will: Gehorsam und Respekt gegenüber deinen Eltern.

Warum? Weil es eine bewiesene Tatsache ist: Wenn du zu Hause deinen Eltern nicht gehorchen kannst oder willst, dann – kannst und wirst du auch anderen nicht gehorchen! Ob es deine Lehrer sind, dein Trainer, Jungscharleiter, Gemeindeleiter, dein zukünftiger Chef und schließlich Gott selbst – du wirst sie nicht respektieren und du wirst kein Mann nach dem Herzen Gottes werden.

Gehorsam ist eine Disziplin, die zu Hause trainiert wird. Du wirst nie ein Mann nach dem Herzen Gottes werden, wenn du nicht eine Haltung des Gehorsams entwickelst – eine Haltung, die zu Hause am allerbesten entwickelt und perfektioniert werden kann.

Dein Zimmer

„O nein, nicht mein Zimmer! Das ist meine letzte Privatsphäre!“, höre ich dich rufen. Nun, ich verlange auch nicht, dass du dein Zimmer der Öffentlichkeit öffnest. Ich möchte dich nur darauf hinweisen, dass du dein Zimmer sauber und aufgeräumt halten sollst. Als Gott die Erde schuf, machte er Ordnung aus dem Chaos. Aber die meisten Jungen, die ich kenne, drehen Gottes Gesetze um und verwandeln die Ordnung in ihren Zimmern in Chaos.

Doch ein Mann nach dem Herzen Gottes bemüht sich, den Lauf der Dinge auf Gottes Art zu gestalten und sich den Sinn für Ordnung anzueignen – weil er eben den Gedanken Gottes entspricht. Du solltest dir vornehmen, die Dinge immer etwas besser zurückzulassen als du sie vorgefunden hast – und das betrifft auch dein Zimmer. Die Gewohnheit, dein Zimmer sauber und ordentlich zu halten, wird dir im Leben sehr nützlich sein.

Wenn du diese einfache Disziplin zu Hause einführst – in deinem Zimmer, indem du zum Beispiel deine schmutzigen Socken selbst aufräumst, ohne dass deine Mutter dich dazu auffordert – wirst du merken, dass du auch in der Schule, auf Arbeit, überall in deinem Leben viel besser organisiert bist. Dein kleines „Reich“ ordentlich zu halten, mag dir eine unscheinbare, kleine Disziplin zu sein – aber du eignest dir damit eine Gewohnheit an, die alle Bereiche deines Lebens in großem Ausmaß beinflussen wird.

Verwandle dein Leben in ein extremes Abenteuer

Weil das Training am „Camp Home“ so unheimlich wichtig für dein weiteres Leben ist, lass uns an dieser Stelle erst einmal Halt machen und das Gelernte noch einmal überdenken, bevor wir uns im nächsten Kapitel den weiteren Trainingseinheiten widmen.

Du hast vielleicht schon mal gehört, dass jemand sagt: „Auf die Einstellung kommt es an!“ Und ganz besonders kommt es auf die richtige, biblische Haltung zum Gehorsam an. Ich weiß, dass, wenn Probleme auftauchen und die Dinge nicht so laufen, wie man es gerne hätte, es schwer fällt, die richtige Einstellung zu bewahren. Doch nur weil dir etwas schwer fällt, ist es noch lange nicht unmöglich.

Mit Gottes Hilfe kannst du deine Einstellung verändern. Paulus zeigt uns, welche Einstellung (die Bibel nennt es „Gesinnung“) wir haben sollten: *„Denn ihr sollt so gesinnt sein, wie es Christus auch war ... in seiner äußeren Erscheinung als Mensch erfunden, erniedrigte er sich selbst und wurde gehorsam bis zum Tod, ja bis zum Tod am Kreuz.“* (Philipper 2,5.8) Bitte Gott, den Vater, dir dieselbe demütige Haltung zu geben, die Jesus hatte – eine Haltung willigen Gehorsams.

Schwere Entscheidungen für heute

Lies noch einmal die Definition des Begriffes „Eltern ehren" (Seite 87). Was könntest du heute noch tun, um deinen Eltern Ehre und Respekt zu zeigen? Schreibe es auf und tue es!

- Ihnen gehorsam sein
↳ freundlich, demütig
- Alles zur Gottes Ehre tun.

Was könntest du jetzt sofort für die Ordnung in deinem Zimmer tun? Was hast du schon lange aufgeschoben, vernachlässigt oder noch nie tun wollen? Ehre deine Eltern – und Gott, – indem du es jetzt gleich erledigst.

Wie würdest du deine innere Haltung zu Hause beschreiben? Wie würden deine Eltern sie beschreiben? Wie würden sich deine Geschwister über deine Einstellung äußern? Muss deine Einstellung vielleicht neu eingestellt werden? Was wirst du ganz konkret ändern? Bitte Gott um Kraft und Ausdauer! Stelle dir in einer Woche dieselben Fragen noch einmal und prüfe, ob du Fortschritte gemacht hast.

- Ihre Befehle / Anforderungen von Herzen tuen / ausfüllen
- Sie lieben

Die Messerklinge

„Strebe eifrig danach, dich Gott als bewährt zu erweisen, als einen Arbeiter, der [...] das Wort der Wahrheit recht teilt." (2. Timotheus 2,15)

Lies Hebräer 12,1-3. Was wurde von Christus verlangt? Mit welcher inneren Haltung ging er ans Kreuz? Mit welcher inneren Einstellung solltest du Gottes Plan für dein Leben befolgen, vor allem wenn es darum geht, deinen Eltern zu gehorchen?

- Sie sollen auf Christus sehen und ihren Mut im Glaubenswandel nicht verlieren
- Ich tue dies auch um Gott zu ehren - Zukunft

Lies Psalm 40,9. Welche Einstellung hatte der Schreiber gegenüber Gott und seinem Willen? Könntest du von dir selbst auch sagen, dass du „begehrst" den Willen Gottes zu tun, oder eher dass du gegen den Willen Gottes „aufbegehrst"? Solltest du etwas an deiner Haltung ändern?

- Der Schreiber begehrt Gottes Willen zu tun

Lies Lukas 2,41-52. Beschreibe die Familienszene. Wer sind die handelnden Personen? An welchen Orten spielt sich die Handlung ab? Was passiert? – Schließlich: Wie hatte Jesus seine Eltern geehrt?

- Jesus, Mutter & Vater
- Ort: Tempel in Jerusalem
- Er ordnete sich ihnen unter

Was sagen uns folgende Bibelstellen über den Gehorsam des Herrn Jesus gegenüber dem Willen seines himmlischen Vaters?

Lukas 22,42

- Er will das der Wille des Vaters geschehe

Johannes 5,30

- Er tut den Willen des Vaters

Johannes 6,38

- Er soll den Willen des Vaters tun

Johannes 17,4

- Er tat den Willen des Vaters

Hebräer 10,7.9

- Er kam um den Willen des Vaters zu tun

Was kannst du von dem Vorbild Jesu lernen?

- Er kam auf die Erde um den Willen des Vaters zu tun
- Er unterordnete sich seinen Eltern
- Er kam nicht um bedient zu werden, sondern um zu dienen
- Seine Liebe zu den Sündern/ Menschen

Kapitel 7

Training im „Camp Home“ (Teil 2)

„Du nun erdulde die Widrigkeiten als ein guter Streiter Jesu Christi!“ (2. Timotheus 2,3)

Es ist nun nicht mehr Februar, es ist August. Und ich bin nicht mehr in Louisianna, sondern mitten in der Mojave-Wüste. Es regnet auch nicht – es hat seit zwei Jahren nicht mehr geregnet. Wir sind 50 Meilen von jeglicher Zivilisation entfernt und befinden uns am Desert Warfare Training Center, wo die Soldaten der US-Army für Einsätze in der Wüste ausgebildet werden.

Die Sonne geht gerade auf, es ist erst 6 Uhr morgens und schon 29 Grad Celsius im Schatten. Später am Tage ist es 46 Grad im Schatten. Ich bin ein Reservisten-Offizier, betraut mit der medizinischen Versorgung des Trainingslagers. Die Aufgabe meines Teams besteht darin, verschiedene Verletzungen zu behandeln, die während der Arbeit an Panzern und anderen Fahrzeugen auftreten, oder aber durch die enorme Hitze entstehen - ganz zu schweigen von den Schlangen, Skorpionen und Sandflöhen.

Meine Männer und ich befinden uns „auf dem Feld“, wo ich die letzte Nacht auf der Liege in einem unserer Ambulanz-Fahrzeuge verbracht habe. Nein, ich war nicht verwundet. Ich konnte einfach keinen bequemeren Platz zum Schlafen finden. Früh morgens werde ich plötzlich durch ein entferntes, rumorendes Geräusch geweckt. Als ich von meiner Liege aufstehe, wird das Geräusch lauter und der Ambulanzwagen bebt immer stärker. Ich steige aus dem Wagen und klettere auf einen Hügel. In einiger Entfernung sehe ich eine riesige Staubwolke.

Ich weiß genau, was das ist. Ich weiß auch, dass der Lärm in einigen Minuten so ohrenbetäubend und das Erdbeben so stark sein wird, dass ich mich kaum noch auf den Füßen werde halten können – es rollen Hunderte von Abram M1 Kampfpanzern aus der Wüste auf uns zu. Diese Hunderte von Panzern und Männern trainieren für den Krieg.

Was weder ich noch die anderen wissen, ist, dass einige Monate später viele dieser Männer mit ihren Panzern in der Wüste des Mittleren Ostens im Golfkrieg gegen Saddam Hussein kämpfen werden.

Das Training geht weiter

Im vorigen Kapitel haben wir angefangen, uns über das Training Gedanken zu machen – das Training für den Kampf. In diesem Kampf geht es nicht um ein Stück Land – es geht um dein Herz. Wir sprachen über Disziplinen, die wichtig sind, um dich für das Schlachtfeld des Lebens vorzubereiten – eines Lebens, das Gott ehrt und anderen dient.

Dieses Training beginnt damit, dass du lernst, deinen Eltern zu gehorchen und sie zu ehren. Wir haben auch darüber gesprochen, wie enorm du selbst davon profitieren wirst, wenn du eine positive Haltung gegenüber deinen Eltern entwickelst und erhältst, die ihrerseits dazu beitragen, dich für die Zukunft vorzubereiten. Und denke daran – der Schlüssel zu dieser Haltung ist Unterordnung.

Warum ist eine Haltung der Unterordnung so wichtig? Ich möchte dir wieder etwas von meinem Schwiegersohn Paul erzählen. Als er zur Offiziersschule kam, wurde ihm in der Speisehalle ein schmutziges Tablett vorgesetzt – mit einem Haufen Erbsen! In diesem Moment musste Paul eine Entscheidung treffen. Würde er dem Befehl gehorchen und die Erbsen (die er nicht ausstehen konnte) essen – oder nicht? Ich bin mir sicher, dass ihm in dem Moment viele Gedanken durch den Kopf schossen. Doch weil er zu Hause gelernt hatte zu gehorchen, fiel es ihm nicht schwer, dem ausbildenden Unteroffizier Gehorsam zu leisten und die verhassten, zerkochten Erbsen hinunterzuwürgen. Heute ist Paul Leutnant und hat sich einige Auszeichnungen am U-Boot verdient. Man vertraute ihm das Amt eines Offiziers an, weil er seine Vertrauenswürdigkeit durch Gehorsam bewiesen hatte.

Ich erwähnte schon, dass Gehorsam sehr wichtig für die Beziehungen zu anderen Menschen ist, aber ich sagte noch nicht, welche Bedeutung das Befolgen von Befehlen für deine Beziehung zu Gott hat. Doch das ist der Punkt, auf den es letztlich ankommt! Jemand sagte: „Ein Kind muss zu Hause lernen, seinen Eltern zu gehorchen – oder es wird niemals lernen, seinem himmlischen Vater zu gehorchen." Es ist wirklich wahr: Indem du deine Eltern ehrst und ihnen gehorchst, bereitest du dich darauf vor, dich der obersten Autorität deines Lebens unterzuordnen – Gott.

Mit dieser neuen Erkenntnis wirst du sicherlich mit ganz anderen Augen auf die Dinge schauen, die du am „Camp Home" lernen kannst. Denke immer daran: Diese kleinen Dinge bringen dich auf die Schnellstraße des Lebens.

Deine Kooperation

Hast du schon mal an einem Mannschaftsspiel teilgenommen? Sicher hast du schon mal Fußball, Volleyball, Handball oder Basketball gespielt. Was ist wichtig, damit ein solches Spiel gut funktioniert? Jeder Einzelne muss mit allen anderen zusammenarbeiten – kooperieren.

Nun, in deiner Familie sieht es nicht anders aus. Gott will, dass du mit den anderen Mitgliedern deiner Familie in Harmonie und Einheit zusammenlebst – eine Familie sollte wie eine gut funktionierende Mannschaft sein (siehe Psalm 133,1). Er will, dass du ihn verherrlichst, indem du deine Eltern ehrst und ihnen gehorchst (siehe 1. Korinther 10,31).

Wahrscheinlich haben auch deine Eltern den Wunsch, dass eure Familie wie ein gutes Team funktioniert. Und du hast von Gott den Auftrag, mit deinen Eltern zu kooperieren – zusammenzuarbeiten. Es wird Zeiten geben, in denen du überhaupt keinen Sinn in dem siehst, was deine Eltern von dir verlangen. Doch ein junger Mann nach dem Herzen Gottes zieht auch dann durch – mit einer positiven, zufriedenen Haltung – und gehorcht seinen Eltern.

Das funktioniert so: Wenn deine Eltern wollen, dass du zur Kirche mitkommst, gehst du mit. Wenn sie wollen, dass du abends wieder mit zur Kirche kommst, gehst du wieder mit. Wenn sie wollen, dass du auf den kleinen Bruder oder die kleine Schwester aufpasst, während sie etwas zu erledigen haben, dann machst du das. Wenn sie deine Hilfe im Haushalt oder im Garten brauchen, dann hilfst du. Wenn sie dir das Spielen am PC verbieten, dann tust du es auch nicht. Was auch immer in der Familie von dir verlangt oder benötigt wird – du tust es. Warum? Weil ein Mann nach dem Herzen Gottes kooperiert. Er ist ein Mannschaftsspieler und kein Einzelgänger. Er hilft seiner Mannschaft zum Sieg Gottes vor einer zuschauenden Welt.

Und was hast du davon? Du lernst dabei, ein guter und wertvoller „Mitspieler" zu sein, was du im Leben sehr oft brauchen wirst – in deinem Beruf, in deiner Ehe und Familie, in der Gemeinde – und sogar wenn du mal Erbsen essen musst!

Deine Ehrlichkeit

Willst du immer auf Gottes Seite bleiben? Dann lüge nicht. Gott sagt in Sprüche 6,16-19, dass er sieben Dinge hasst und eines davon ist die „lügende Zunge". Lügen reden ist schmerzlich, unehrlich und falsch.

Wahrhaftigkeit wird zu Hause erlernt. Lerne es, ehrlich zu deinen Eltern zu sein. Auch in den kleinen Dingen des Lebens ist Ehrlichkeit von großer Bedeutung. Angenommen, deine Eltern stellen dir eine einfache Frage. Wenn du deine Eltern anlügst, sind die Folgen vielleicht gering, aber sie sind da. Du triffst eine Entscheidung: Du kannst eine „kleine Notlüge" aussprechen oder die Wahrheit sagen. Jedes Mal, wenn du diese Entscheidung triffst, entwickelst und festigst du eine Gewohnheit – entweder eine gute oder eine schlechte, sündige Gewohnheit. Wenn du zu Hause lernst zu lügen, wirst du problemlos deine Freunde, deine Lehrer, deinen Jugendleiter, deinen späteren Chef ... und schließlich sogar Gott belügen.

Darum – gewöhne dich gar nicht erst an das Lügen. Fange an, zu Hause immer nur die Wahrheit zu sagen. Sei ehrlich zu deinen Eltern und Geschwistern und du wirst auch zu anderen ehrlich sein – auch zu Gott.

Deine Gebete

Ich weiß nicht, was mit uns Männern los ist, aber irgendwie reden wir nicht sehr viel. Mädchen lieben es zu reden. Sie reden viel miteinander, mit ihren Eltern, mit den Lehrern, mit jedem, der ihnen zuhört, auch mit Gott. Es scheint, dass, auch wenn es in einer Jugendgruppe zur Gebetsgemeinschaft kommt, gewöhnlich die Mädchen viel eher und viel mehr beten.

Nun, auch wenn wir nicht viel miteinander reden, müssen wir doch daran arbeiten, viel mehr mit Gott zu kommunizieren. Nicht nur, weil wir durch das Gebet etwas verändern können, sondern weil das Gebet uns und unsere Herzen verändert. Liebst du deine Eltern und deine Geschwister? Ich weiß, dass du es tust. Dann kannst du ihnen den größten Liebesdienst erweisen, indem du für sie betest. Warum zeigst du ihnen also nicht deine Liebe? Bete für sie!

Denke ein wenig darüber nach. Wer betet für deine Eltern? Wer betet für deinen Vater, der so viele Stunden des Tages damit verbringt, dich und den Rest der Familie zu versorgen? Und was ist mit deiner Mutter? Wer betet für sie, die so viele Aufgaben und Pflichten hat? Vielleicht beten deine Eltern treu für eure Familie. Es ist aber gut möglich, dass, wenn du nicht für deine Eltern betest, es kein anderer tut! Darum bete für sie. Wenn sie im Stress stehen und durch eine harte Zeit hindurchgehen (und sie kennen beides) – bete für sie. Du wirst nie zu viel für deine Eltern und deine Familie beten können.

Vergiss aber auch nicht, für dich selbst zu beten. Bete um die richtige Herzenseinstellung. Bete um ein gehorsames Herz. Bete um Weisheit, um zu Hause, in der Schule und in der Gemeinde das Richtige sagen und tun zu können. Heranwachsende Männer fühlen sich manchmal sehr einsam auf ihrem Weg. Doch mit Jesus als deinem Freund und Führer bist du niemals allein. Rede mit Jesus, deinem Freund. Er ist immer da, um dir zuzuhören und dich auf deinem Weg zu lenken.

Dein Geld

Auch im Umgang mit Geld ist „Camp Home" eine sehr hilfreiche Ausbildungsstätte. Als ich noch ein Junge war, brachten mir meine Eltern zwei Gewohnheiten bei, die ich bis heute beibehalten habe.

Zuerst brachte mir meine Mutter bei, wie man Geld für Gott gibt. (Du weißt ja, es gehört ihm sowieso. Er gibt es uns, damit wir es gut verwalten.) Jeden Samstag saß ich neben meiner Mutter und wir steckten unsere Spende in einen Briefumschlag. Wenn dann am Sonntagmorgen in der Kirche der Spendenteller herumgereicht wurde, legten wir unsere Umschläge darauf. Heute ist es für mich ganz selbstverständlich, für Gott und sein Werk Geld zu geben. Warum? Weil mir das zu Hause beigebracht wurde.

Wie ist es mit dir? Trainierst du dich selbst darin, Geld für Gott zu geben? Vielleicht einen Teil von deinem

Verdienst oder vom Taschengeld? Wenn du es tust, dann ehrst du Gott damit und wirst gesegnet sein.

Mein Vater brachte mir bei, Geld zu sparen. Jede Woche ging er mit mir zur Bank und stand neben mir, während ich meine mageren Verdienste auf ein Sparkonto einzahlte. So wurde mir das Sparen zu einer eingefleischten Gewohnheit, genauso wie das Geben.

Über weisen Umgang mit Geld gäbe es noch viel mehr zu sagen, mein Freund, doch wenn du diese beiden grundlegenden Dinge lernst – Geld für Gott geben und Geld sparen – bist du auf dem Weg, ein guter Verwalter zu werden, der mit dem Geld Gottes sorgfältig umgeht.

Dein Dienst

Was meinst du, wer wohl der größte Anführer aller Zeiten war? Die meisten Menschen würden wahrscheinlich irgendeinen Staatsmann oder General nennen. Doch ich bin mir sicher, du wirst ins Schwarze treffen: Der größte Führer, der je gelebt hat – und immer noch lebt – ist Jesus Christus.

Warum? Nicht nur, weil er der Retter aller Menschen ist, die an ihn glauben, sondern auch weil er Junge und Alte, Männer und Frauen, Schwarze und Weiße, Reiche und Arme dazu inspiriert, ihm nachzufolgen. Weißt du noch, was wir bereits in Matthäus 20,26-28 gelernt haben? Erinnerst du dich, welche Charaktereigenschaft Jesus als die allerwichtigste für einen großen Leiter bezeichnete? Es ist eine Eigenschaft, die Jesus selbst besaß und die er immer wieder durch sein Leben bewies.

Die Antwort lautet: Das Herz eines Dieners. Jesus sagte: Sei ein Diener und du wirst wirklich groß sein.

Und wo kannst du eine bessere Ausbildung zum Diener bekommen, als zu Hause? Fange doch heute noch damit an, bei jeder Gelegenheit deine Eltern und Geschwister zu fragen: „Kann ich helfen?" Diese drei Worte sind Worte eines Dieners. Gewöhne dir zu Hause an, diese drei Worte immer wieder aufrichtig auszusprechen – und du wirst wahre Größe in Gottes Augen erreichen, indem du dich zu einem fröhlichen Diener entwickelst. Und du wirst ein Mann nach dem Herzen Gottes werden.

Lies mal, was der Leiter einer großen Gemeinde über das Dienersein schreibt – über die Demut, die dazu nötig ist und über die Kraft, die man durch sie bekommt: „Wenn du groß in den den Augen Jesu Christi werden willst, sei ein Diener. Demut verlagert unseren Blick nach außen, sodass wir die anderen sehen, nicht uns selbst. Demut ruft uns auf, Gott zu dienen, unserem höchsten Chef, indem wir anderen Menschen dienen... Demut wird dich in jeder Art der Leiterschaft vorwärtsbringen."

Und das alles, mein Freund, fängt zu Hause an!

Verwandle dein Leben in ein extremes Abenteuer

Wie läuft deine „Soldaten-Ausbildung" bisher? Das Training am „Camp Home" ist ganz schön anstrengend, nicht wahr? Nun, bei uns in Amerika sagen die Trainer nicht umsonst: „Wenn es hart wird, vergeht die Härte." Und außerdem – niemand sagte, es würde einfach sein. Im Gegenteil, der Herr Jesus hat seinen Jüngern viele Schwierigkeiten angekündigt (siehe Johannes 16,33).

Die Vorbereitung für ein extrem abenteuerliches

Leben für Gott – ob zu Hause oder woanders – ist eine herausfordernde Aufgabe. Und es ist eine Aufgabe, die du meistern musst, wenn du im Leben erfolgreich und ein Mann nach dem Herzen Gottes werden willst. Gott hat dir die perfekte Ausbildungsstätte gegeben, um diese Grundausbildung zu absolvieren – das „Camp Home".

Betrachte dich als einen Soldaten aus dem „Soder-einsatzkommando" Gottes, der einen Spezialauftrag von Gott hat. Konzentriere dich darauf, diesen Auftrag gründlich auszuführen. Es ist derselbe Auftrag, den Paulus bereits einem anderen jungen Soldaten Christi gab: *„Du nun erdulde die Widrigkeiten als ein guter Streiter Jesu Christi!"* (2. Timotheus 2,3)

Ich bitte dich ganz eindringlich: Sei bereit, den Preis zu zahlen, der von dir zu Hause verlangt wird:

- Gehorche deinen Eltern.
- Folge ihrer Leitung.
- Lerne von ihrer Weisheit.
- Suche ihren Rat.

Wenn du deinen Charakter zu Hause reifen lässt, wirst du ein Verhalten erlernen, welches Gott – und deine Eltern – ehrt.

Schwere Entscheidungen für heute

Kennst du solche Situationen wie die, in der mein Schwiegersohn Paul Erbsen essen musste? Bei welchen Aufforderungen verweigerst du deinen Eltern den Gehorsam? Bei welchen Anweisungen fällt dir das Gehorchen schwer? Was hält dich davon ab, „Befehle auszuführen“?

- Wenn es mir selbst nicht passt

↳ kompliziert, schwer

Wie würdest du deine Kooperation bewerten?

Mit den Eltern:

schlecht *mittelmäßig* *gut*

Mit Geschwistern:

schlecht *mittelmäßig* *gut*

Mit Freunden:

schlecht *mittelmäßig* *gut*

In der Schule:

schlecht *mittelmäßig* *gut*

Was kannst du tun, um besser mit anderen zusammenzuarbeiten (zu kooperieren)?

- freundlich sein
- ihm dienen

Wie steht es mit deiner Haltung zum Geld? Welche Schritte wirst du unternehmen, um ein guter Verwalter zu werden?

Was würdest du tun, wenn du auf der Straße eine Geldbörse findest? (Es war keiner dabei, niemand hat es gesehen, in der Geldbörse befindet sich Geld.) Oder, anders gefragt, wie denkst du über Ehrlichkeit? Was sollte sich bei dir ändern?

Die Messerklinge

„Strebe eifrig danach, dich Gott als bewährt zu erweisen, als einen Arbeiter, der [...] das Wort der Wahrheit recht teilt.“ (2. Timotheus 2,15)

Lies Sprüche 6,16-19 und achte auf die sieben Dinge, die Gott hasst. Welche sind es?

- stolze Augen - falsche Zunge
- unschuldiges Blut vergießen
- ein Herz, das böse Pläne schmiedet
- Füße, die schnell zum Bösen laufen
- falscher Zeuge, der Lügen ausspricht
- Zwietracht sät zwischen Brüdern

Was sagt er über die Lüge?

Was sagt er über Kooperation?

Lies Jakobus 5,16-18. Was ist wichtig, damit deine Gebete effektiv werden?

-Sie sollen ernstlich sein
- Wir sollen inständig beten
- Wir sollen uns, die Übertretungen bekennen

Wer wird als Beispiel für einen gerechten Mann aufgeführt?

Elia

Was war das Ergebnis seiner Gebete...
... in Vers 16?

Heiligung

... in Vers 17?

Erhörung -> kein Regen

Was lernst du aus diesen Versen für dein Gebetsleben?

-Ich soll beständig beten
- Ich soll ernstlich beten

Kapitel 8

Ein Ziel, das sich lohnt

„Und Jesus nahm zu an Weisheit und Alter und Gnade bei Gott und den Menschen.“ (Lukas 2,52)

Ich hatte keine Chance! Ich wuchs in einer kleinen Stadt in Oklahoma auf. Die meisten Männer dieser Stadt arbeiteten in einer lokalen Fabrik. Um dort zu arbeiten, brauchte man nur eine ganz einfache Schulausbildung. Niemand von uns hielt es darum für nötig, nach der Schule noch irgendwie weiterzulernen. Wozu auch – dachten wir –, wir haben doch hier die Fabrik und da gibt es genug Arbeitsplätze für alle!

Doch gerade in dem Jahr, in dem ich die Schule beendete, schloss die Fabrik. Da stand ich nun – was sollte ich tun? Wenn man sich – wie viele meiner Freunde – darauf verlassen hatte, dass ein einfacher Schulabschluss genügte, um Arbeit zu finden, hatte man ein großes Problem. Leider war es wirklich so, dass viele meiner Kumpels das Lernen in der Schule nicht ernst genommen hatten, weil sie sich auf die Fabrik verließen – nun hatte die Fabrik sie verlassen.

Ich hatte Glück, denn am Ende der zehnten Klasse kam Mr. Walker auf mich zu. Ich hatte damals einen Nebenjob in einem Supermarkt, wo ich Lebensmittel verpackte. Die Arbeit dort machte mir Spaß, doch Mr. Walker, ein Apotheker, kam am Sonntag in der Kirche auf mich zu und bot mir eine Arbeit in seiner Apotheke an. Ich hatte gerade meinen Führerschein gemacht und Mr. Walker wollte, dass ich – neben einigen anderen Arbeiten – die Medikamente zu den Patienten brächte. Das war natürlich ein guter Tausch – ich durfte mit dem Lieferwagen durch die Gegend fahren und ein anderer bezahlte den Sprit! Und ich würde auch noch 15 Cent die Stunde Anfangslohn bekommen!

Das Ziel ins Auge fassen

Hast du schon mal den Spruch gehört: „Ziele auf nichts und du wirst es nie verfehlen!"? Nun, genau das passierte vielen meiner Schulkameraden. Und mir ging es ja auch nicht anders... bis Mr. Walker auf mich zukam. Er begann, an mir zu arbeiten und meinem Leben eine Richtung zu geben. Er bemühte sich darum, mich auf den Weg zu einem erfolgreichen Leben zu bringen. Schon sehr bald weckte er mein Interesse an der Arbeit eines Apothekers.

Plötzlich hatte ich ein Ziel vor Augen. Ich wusste, was ich wollte, was ich vorhatte. Ich wollte Apotheker werden. Doch das bedeutete, dass ich das Abitur brauchen würde... das wiederum bedeutete, dass ich bereits jetzt in der Schule entsprechende Leistungen erbringen musste... das bedeutete wiederum... – Du ahnst sicherlich, worauf ich hinauswill, nicht wahr? Auf einmal sah ich einen Sinn darin, mich in der Schule zu bemühen.

Wir haben alle die Wahl: Wir können uns im Leben einfach so treiben lassen, in der Hoffnung, dass die Fabrik (oder die Tankstelle, Werkstatt, was auch immer) in unserer Stadt nicht schließt, oder wir fassen ein klares Ziel ins Auge, geben in der Schule unser Bestes und bereiten uns aktiv auf unsere Zukunft vor.

Es bedarf schon einiger Anstrengung, wenn du es im Leben zu etwas bringen willst. Und bitte – warte nicht erst, bis ein Mr. Walker auf dich zukommt! Beginne jetzt mit den Vorbereitungen für deine Zukunft – setze dir Ziele und arbeite hart daran, sie zu erreichen. Wenn Gott dir dann später deinen beruflichen Weg zeigt, wirst du gut für dieses neue Abenteuer vorbereitet sein.

Hier sind einige Bibelverse aufgeführt, die über das Lernen, Hören und Wachsen sprechen. Folge den Anweisungen Gottes und du bist auf dem direktesten Wege in das extreme Abenteuer, ein Leben nach Gottes Plan zu leben.

„Wer weise ist, der hört darauf und vermehrt seine Kenntnisse, und wer verständig ist, eignet sich weise Lebensführung an...“ (Sprüche 1,5)

„Mein Sohn, vergiss meine Lehre nicht, und dein Herz bewahre meine Gebote! Denn sie werden dir Verlängerung der Tage und Jahre des Lebens und viel Frieden bringen.“ (Sprüche 3,1-2)

„Denn der HERR gibt Weisheit, aus seinem Mund kommen Erkenntnis und Einsicht.“ (Sprüche 2,6)

„Wachst dagegen in der Gnade und in der Erkenntnis unseres Herrn und Retters Jesus Christus! Ihm sei die Ehre, sowohl jetzt als auch bis zum Tag der Ewigkeit! Amen.“ (2. Petrus 3,18)

Ja, aber wie?

Neulich war ich auf einer Station der US-Marine in der Nähe von zu Hause. Dort traf ich einen Matrosen, der auf dem T-Shirt folgenden Spruch stehen hatte:

Extreme Navy
Raue See, starker Wind,
Schiffsdeck in Schräglage...
Sowas macht man nicht nebenbei,
man treibt es auf die Spitze.

Freund, wenn du etwas Bedeutendes erreichen willst, wirst du nie ohne Vorbereitung dort ankommen. Wenn du Erfolg haben willst, musst du extreme Maßstäbe anlegen (zumindest scheinen sie den jungen Leuten von heute extrem zu sein). Du musst dir zum Ziel setzen, in der Schule dein bestmöglichstes Ergebnis zu erreichen! Es spielt dabei keine Rolle, ob du gerade zur Grund-, Haupt-, Realschule oder zum Gymnasium gehst. Und auch an der Berufsschule gilt dasselbe – für jedes extreme Abenteuer brauchst du gutes Training, gute Vorbereitung. Wie könntest du also darauf verzichten?

Zuallererst musst du den Plan Gottes mit dir anerkennen und die Verantwortung vor ihm ernst nehmen. (Ich weiß, wir Männer mögen es nicht, daran erinnert zu werden, aber wir müssen es tun!) Wenn du ein Christ bist, dann bist du von Gott in ganz besonderer Weise dazu aufgerufen, deiner Verantwortung und deinen Verpflichtungen zu Hause, in der Schule oder auf der Arbeit nachzukommen. Du kannst unangenehme Dinge im Leben nicht einfach umgehen und erwarten, dass du dabei erfolgreich wirst. Zum Beispiel muss ja auch jeder Offizier zuerst die Grundausbildung durchmachen, jeder geschickte Schlosser musste erstmal das Feilen üben, jeder begnadete Pianist musste Tonleitern üben. Wir könnten diese Reihe noch lange fortsetzen – große Ziele werden nur da erreicht, wo man den Unannehmlichkeiten der Vorbereitung nicht aus dem Wege geht.

Denke mal an Jesus. Er war Gott im menschlichen Körper. Er lebte auf dieser Erde als ein ganz normaler Mensch. In Lukas 2,52 heißt es von ihm, dass er an Weisheit und an „Gnade bei Gott und den Menschen" zunahm. Während er heranwuchs, blieb ihm nichts erspart... auch er musste lernen. Wahrscheinlich erlernte er (der Schöpfer der Welt!) den Beruf eines Zimmermanns, während er seinem irdischen Vater half, so manches Haus in Nazareth aufzubauen. Weil er diese grundlegenden Dinge nicht missachtete, wurde er fähig, den Zweck seines Kommens auf diese Erde zu erfüllen.

Gott, der Vater, hatte einen Plan für das Leben Jesu auf dieser Erde. Und dieser Plan beinhaltete den normalen Prozess der physischen, seelischen und praktischen Entwicklung. Und weißt du was? Gott hat auch für dich einen Plan, den du unbedingt befolgen solltest. Gemäß diesem Plan wirst du nicht sofort erwachsen, sondern musst erst heranreifen. Das beinhaltet zunächst dein körperliches Wachstum. Es meint auch dein Familienleben, die Beziehungen innerhalb deiner Familie und (du hast es geahnt) auch das Lernen in der Schule, sowie die Hausarbeit. Du benötigst schulische und berufliche Ausbildung auch, um in der Weisheit, Erkenntnis und in der persönlichen Disziplin zu wachsen.

Ich möchte dich sehr ermutigen, den Plan Gottes dankbar anzuerkennen und die Arbeit (die er dir gibt, damit du überhaupt reifen und wachsen kannst) dankbar und gerne zu tun. Er möchte, dass dein Leben erfolgreich wird. Sage ihm Dank dafür!

Als nächstes musst du den Plan Gottes willkommen heißen. Danke Gott dafür, dass er überhaupt einen Plan für dich hat! Der Schöpfer des Unviersums hat einen Plan für dich – ist das nicht fantastisch? Es ist einfach unglaublich!

Denke daran, dass hinter jeder Ecke etwas Erstaunliches auf dich wartet. Sicher weißt du jetzt noch nicht, welche Einzelheiten Gott für dich vorbereitet hat, doch das macht die Sache umso spannender und aufregender. Freu dich darauf, die Führung Gottes in deinem Leben zu erleben. Welchen Beruf du später wählen wirst, ist an sich auch gar nicht so entscheidend, Gott kann dir in jedem Beruf viel Freude bereiten, wenn du dein Bestes gibst, um ihn gut zu erlernen. Jeder Beruf ist anspruchsvoll und daher solltest du dich jetzt schon gut darauf vorbereiten.

Und damit sind wir schon beim dritten Punkt: Du musst dein Bestes geben, um den Plan, den Gott für dich hat, auszuführen. „Und alles, was ihr tut, das tut von Herzen als für den Herrn und nicht für Menschen." (Kolosser 3,23) „Alles, was ihr tut" - das beinhaltet auch deine Schulaufgaben! Erledige sie „von Herzen als für den Herrn". Du musst gute Lerngewohnheiten entwickeln, um in der Schule gut zu werden. Du musst hart an diesen Gewohnheiten arbeiten, sie werden dir für dein ganzes Leben nützlich sein.

Noch etwas, was du unbedingt tun solltest – so seltsam das auch klingen mag – du musst lesen! Höre mit dem Lesen niemals auf, sondern lerne, besser zu lesen. Wissenschaftliche Studien haben ergeben, dass viele erwachsene Männer seit ihrer Schule kein einziges Buch gelesen haben! Wenn du das „Abenteuer Lernen" voll auskosten willst, musst du Lesegewohnheiten entwickeln und erhalten. Übrigens – in keinem Lebensbereich wirst du eine Höchstleistung erbringen können, ohne zu lesen. Darum, denke an den Spruch auf dem T-Shirt des Matrosen, von dem ich dir erzählte:

Sowas macht man nicht nebenbei,
man treibt es auf die Spitze.

Bist du damit einverstanden, dass geistige Disziplin notwendig ist, um die Information zu bekommen, die man für ein weises und abenteuerliches Leben benötigt? Ich sage nicht, dass akademische Bildung dir Weisheit gibt! O nein, deine harte Arbeit für die Schule vermittelt dir zwar Wissen – wichtiges Wissen. Aber denke immer daran, das Ziel deiner Ausbildung ist nicht bloßes Wissen. Es gibt nur zu viele gebildete Narren auf dieser Welt! Nein, dein Ziel ist nicht Wissen, sondern Weisheit (siehe Sprüche 4,5.7). Weisheit ist die korrekte Anwendung des Wissens und der Information. Das ist, was du willst... und brauchst.

Zum Schluss noch eine sehr wichtige Sache: *Lebe den Plan Gottes vorbildlich aus.* Wenn du etwas Lohnenswertes erreichen willst, musst du extrem hohe Maßstäbe an dich selbst anlegen! Oft gefällt es uns nicht, aufzufallen – so werden gute Schüler oft als „Streber“ beschimpft. Doch das Wort „Streber“ sollte für dich, mein lieber Freund, ein Kompliment werden. Oder strebst du nicht nach einem lohnenswerten Ziel?

Denke an die Worte: *„Strebe eifrig danach, dich Gott als bewährt zu erweisen, als einen Arbeiter, der [...] das Wort der Wahrheit recht teilt.“* (2. Timotheus 2,15) – Gott selbst sagt dir hier mit anderen Worten: „Sei ein Streber, gib dich nicht mit dem Mittelmaß zufrieden."

Wenn du nun bereit bist, dir selbst extrem hohe Maßstäbe zu setzen, dann beantworte dir jetzt einige Fragen: Wenn dich jemand in der Schule beobachtet, ...

- würde er sagen, dass du anders bist als die anderen?
- welche Unterschiede zu den anderen würde er bemerken?
- würde er sagen, du bist anders, weil du Christ bist?

Wenn du in deinem Leben das Wesen Jesu Christi vorlebst, wirst du diese Fragen mit einem „Ja" beantworten können. Deine Schule ist ein äußerst wichtiges Übungsfeld für ein extremes Leben als Christ. Du musst entscheiden, wem du gefallen willst – deinen Schulkameraden oder Christus?

Und noch etwas: Wenn es dir in der Schule schwer fällt, für Christus zu leben, dann wird es dir auch in der Arbeitswelt schwer fallen. So wie du in der Schule Christusähnlichkeit beweist, genauso wirst du später als erwachsener Mann Christus vorleben!

Lebe heute für Christus,
und du wirst auch morgen für ihn leben!

Verwandle dein Leben in ein extremes Abenteuer

Neulich unterhielt ich mich mit einem meiner Schulfreunde. Wir hatten uns laaange Zeit nicht gesehen, darum hatten wir uns sehr viel zu erzählen. Wir fragten uns gegenseitig nach unseren früheren Klassenkameraden und was diese heute so machten. Es war sehr traurig zu hören, dass die meisten von ihnen keine lohnenswerten Ziele im Leben hatten. Sie ließen sich einfach durchs Leben treiben.

Das wünsche ich dir nicht, mein Freund! Ich möchte nicht, dass sich in einigen Jahren Leute über dich unterhalten und über all die Abenteuer reden, die du hättest erleben können – die du aber nicht erlebt hast, weil du dich nicht rechtzeitig darauf vorbereitet hast.

Versteh mich nicht falsch – ich weiß, dass Schulbildung nicht alles ist und dass manche Leute auch ohne dieselbe ganz gut überleben können... aber es sind nicht viele. Und ich möchte es noch einmal betonen: Deine Beziehung zu Jesus Christus ist der wichtigste Bestandteil deiner Entwicklung. Wenn du nur in der Erkenntnis und im Glauben an Jesus Christus wächst und „an Gnade bei Gott zunimmst", bist du bereits einer der besten Schüler.

Doch lass mich noch schnell hinzufügen, dass es für dich ebenso wichtig ist, „an Gnade bei Menschen" zuzunehmen. Du musst alles lernen, was dazu nötig ist. Das wird aus dir einen vollständigen Mann machen – so wie Jesus zu einem vollständigen Mann wurde, nachdem er „an Gnade bei Gott und den Menschen" zugenommen hatte. Nur ein vollständiger Mann ist gerüstet für die rauen Winde und die stürmische See des extrem abenteuerlichen Lebens mit Gott. Nur ein solcher kann ein Mann nach dem Herzen Gottes werden.

Schwere Entscheidungen für heute

Schau auf die vergangene Woche zurück. Wie viele Stunden hast du mit folgenden Dingen zugebracht:

Zeitvertreib (PC-Spiele, TV, usw.): 3-4 Stunden

Gesellschaft mit Freunden: mind. 10 Stunden

Hausaufgaben: 0 Stunden

Verraten deine Antworten etwas über deine Prioritäten? Was? Sollte etwas daran anders werden?

Wie würdest du deinen christlichen Einfluss auf dem Schulgelände einschätzen? Bist du ein „Christ im Untergrund", oder ein „bekennender Christ"? Erkläre bitte deine Antwort.

-Die ~~Ka~~ Mehrheit in meiner Klasse sind bekannte Christen, aber man lebt es nicht in der Schule aus.

Gibt es andere Christen an deiner Schule? Wäre es irgendwie (wenn ja, wie?) möglich, dass ihr euch verbündet, um füreinander zu beten und voreinander verantwortlich zu sein, damit euer Zeugnis an der Schule offensichtlicher und besser wird?

Beschreibe ehrlich deine Herzenseinstellung gegenüber Schule und Hausaufgaben. Wärst du bereit, in der kommenden Woche jeden Tag dafür zu beten, dass Gott dir hilft, eine positive Einstellung zu diesem wichtigen Gebiet deines Lebens zu bekommen?

Die Messerklinge

„Strebe eifrig danach, dich Gott als bewährt zu erweisen, als einen Arbeiter, der […] das Wort der Wahrheit recht teilt.“ (2. Timotheus 2,15)

Was sagen folgende Verse aus dem Buch der Sprüche über die Wichtigkeit der Weisheit und des Wissens? Was sagen sie darüber, wie man Weisheit bekommt?

Sprüche 2,6

- Der Herr gibt Weisheit

Sprüche 4,5

- Die Eltern geben Weisheit
- Wir sollen sie nicht vergessen und nicht abweichen von der Lehre

Sprüche 4,7

- Man soll sie selbst erlernen
- Man soll außerdem Verstand, daraus erwerben

Sprüche 9,10

- Die Furcht des Herrn ist der Anfang der Weisheit

Schreibe drei Dinge auf, die du tun kannst, um mehr Wissen (Erkenntnis) zu erlangen und in der Weisheit zu wachsen.

- Bibel lesen
- Unterordnung der Eltern
- Gebet

Lies Daniel 1,1-7 und 1,17-20. Beschreibe den Lernprozess von Daniel und seinen Freunden.

- Gott gab ~~den~~ ihnen Weisheit und Erkenntnis für alle Schrift

Wie und wozu kann dich ihre Erfahrung im Blick auf deine Schulbildung motivieren?

- Wenn ich hart arbeite / lerne, ~~werde i~~ wird meine Zukunft gesegnet sein

Wie und wozu motiviert dich ihre Freimütigkeit?

Lies Lukas 2,41-52. Was kannst du aus den jungen Jahren des Herrn Jesus für deine eigene Entwicklung lernen?

– Ich soll mich meinen Eltern unterordnen und ihnen gehorsam sein

– Ich soll die Bibel studieren und daraus, Tag für Tag, lernen

Kapitel 9

Freunde richtig aussuchen

„Ein Freund liebt zu jeder Zeit, und als Bruder für die Not wird er geboren." (Sprüche 17,17)

Während ich dieses Kapitel schreibe, sehe ich in der Ferne den Mount Rainier. Obwohl wir fast 80 Kilometer von diesem Berg entfernt wohnen – und obwohl es August ist – erkenne ich den beeindruckenden Schneegipfel dieses 4000 Meter hohen Vulkans. Weil der Mount Rainier besonders zugänglich ist, zieht er Reisende aus aller Welt an, ihn zu besteigen. Doch leider hört man fast regelmäßig Berichte von abgestürzten, verletzten und sogar toten Bergsteigern. In den meisten Fällen jedoch geht es noch ganz glimpflich ab. Gewöhnlich bleiben die Bergsteiger vor größerem Unglück verschont, wenn sie von einem erfahrenen Kollegen begleitet werden, der ihnen in Schwierigkeiten helfen kann. Dass ein verletzter Bergsteiger gerettet wird, verdankt er teilweise der Tatsache, dass er sich eine gute Begleitperson ausgesucht hat.

Was haben Bergsteiger mit der Wahl deiner Freunde zu tun?, fragst du vielleicht. Nun, so entscheidend ein erfahrener Bergsteiger, der die Tücken und Gefahren des Gebirges kennt, für einen Touristen ist, so entscheidend ist es auch für dich, gute Freunde für die Bergtour des Lebens zu haben. Vielleicht siehst du nicht die geringste Ähnlichkeit zwischen dem Mt. Rainier und deinem Leben, aber beim Lesen dieses Kapitels wirst du deine Meinung hoffentlich noch ändern.

Ein Freund sein

Vielleicht gehörst du zu den wenigen Jungen, für die es keine fremden Menschen gibt, weil jeder gleich ihr Freund wird. Doch die meisten Männer haben nicht das Glück. Für sie – und für dich vielleicht auch – ist es gar nicht so einfach, einen guten Freund zu finden. Ob du nun viele Freunde hast oder nur einen, du wirst mir darin zustimmen, dass Freundschaft immer gegenseitig ist. Darum sagte jemand: „Wenn du einen guten Freund haben willst, dann sei ein guter Freund." Wir müssen uns also zuerst Gedanken darüber machen, wie wir selbst zu guten Freunden werden!

In der Bibel gibt Gott uns Richtlinien und zeigt uns, wie wir gute Freunde werden. Wenn du gleich diese Edelsteine aus der Schatzkammer der biblischen Weisheit betrachtest, überlege, was für ein Freund du bist. Achte auch darauf, was ein Freund – ein richtiger Freund – tut und was er lässt.

Sprüche 17,9: *„Wer Liebe sucht, deckt die Verfehlung zu, wer aber eine Sache weitererzählt, trennt vertraute Freunde."*

Sprüche 17,17: *„Ein Freund liebt zu jeder Zeit, und als Bruder für die Not wird er geboren."*

Sprüche 18,24: *„Wer viele Gefährten hat, der wird daran zugrunde gehen, aber es gibt einen Freund, der anhänglicher ist als ein Bruder."*

Sprüche 27,6: *„Treu gemeint sind die Schläge des Freundes, aber reichlich sind die Küsse des Hassers."*

Sprüche 27,10a: *„Verlass deinen Freund und den Freund deines Vaters nicht..."*

Sprüche 27,17: *„Eisen schärft Eisen; ebenso schärft ein Mann den anderen."*

Ja, aber wie?

Wie findet man bleibende Freunde und dauerhafte Freundschaften? Wie wir schon gesehen haben, beginnt eine gute Freundschaft bei dir selbst – du musst jemand werden, der ein guter Freund ist! Ich habe hier einige Richtlinien aufgeschrieben, nach denen du ein „Superfreund" werden kannst. Wenn du diese Vorschläge in die Tat umsetzt, werden Menschen sich danach sehnen, dich zum Freund zu haben.

1. Du musst geistlich wachsen

Als du vorhin die Verse aus dem Buch Sprüche gelesen hast, ist dir vielleicht aufgefallen, dass du das alles gar nicht alleine schaffst – du brauchst Gottes Hilfe! Wie kannst du Freunde finden, die mit Gott leben? Nun, zuerst muss es dein Verlangen sein, ein Leben mit Gott zu führen, dann wirst du Gleichgesinnte finden. (Erinnerst du dich? Darüber haben wir im ersten Teil dieses Buches bereits gesprochen.)

Diese Art der gegenseitigen Freundschaft verband David und Jonathan (siehe 1. Samuel 18-20). Jemand hat ihre Freundschaft sehr eindrucksvoll beschrieben: „Jonathan sah, dass David das Leben aus derselben göttlichen Perspektive betrachtete wie er... Und als er das sah, klammerte sich seine Seele reflexartig an die Seele Davids. Hier waren zwei Männer, deren Herzen gleich schlugen!"

So ist es in jeder wahren Freundschaft. Zwei Freunde werden nicht immer und nicht in allem einer Meinung sein. Doch sie werden eine gemeinsame Sicht für die biblischen Wahrheiten haben. Der Mann, den ich eben zitiert habe, fasst das so zusammen:

„Sie beugen sich derselben Autorität.
Sie kennen denselben Gott.
Sie gehen denselben Weg.
Sie sehnen sich nach denselben Dingen.
Sie träumen gemeinsame Träume."

Möchtest du gottesfürchtige Freunde haben? Dann – ich sagte es schon – sieh zu, dass *du* geistlich wächst. Diese fünf Dinge kannst du dabei als Checkliste verwenden, während du nach Freunden Ausschau hältst. Dann wirst du finden, was du suchst.

2. Sei du selbst

Versuche nicht, jemand anders zu werden. Versuche auch nicht, in irgendeiner Weise so zu werden wie die Mitschüler, die bei allen beliebt sind oder „das Sagen haben" – erst recht nicht, wenn ihr Wesen und Verhalten der Bibel widerspricht.

Denke ein wenig darüber nach: Wohin führt es, wenn du andere Menschen nachahmst? Dein ganzes Wesen wirkt gekünstelt, nicht wahr? Du presst dich in einen Anzug, der dir nicht passt und die anderen merken das. Je mehr du dich anstrengst, desto gekünstelter und unnatürlicher wirst du. Das stößt Leute von dir ab, darum sei ein Original. Wenn du ganz du selbst bist, werden sich andere in deiner Gegenwart sicherer fühlen. Sei einfach du selbst und Gott wird dir gleichgesinnte Menschen als Freunde geben.

Genau das geschah mit David. Er hatte gerade den größten Feind der Nation besiegt und wurde vor den König Saul gestellt. Jonathan, der Sohn Sauls, war dabei und sah den Heldenmut Davids. Und da er selbst ein

Held war (siehe 1. Samuel 14,1-13), bewunderte er David und wollte sein Freund sein (siehe 1. Samuel 18,1).

Denke immer daran: Wenn du mit deinem Leben Gott ehrst, dann wirst du von anderen solchen Menschen gefunden werden.

3. Sei treu

Treue ist ein Muss, wenn du ein guter Freund sein willst. Bestimmt hat dich schon mal ein „Schönwetterfreund" im Stich gelassen und verletzt. Du weißt, wie das ist, darum mach nicht dasselbe und werde du nicht untreu.

In der Freundschaft zwischen David und Jonathan kann man solche gegenseitige Treue erkennen. Jonathan trat bei seinem Vater für David ein, um seinen Freund vor ihm zu beschützen. Als David König wurde, hielt er sein Versprechen, das er seinem Freund Jonathan gab und beschützte seine Familie (siehe 1. Samuel 20,14-17).

Wie treu bist du deinen Freunden? Bist du „anhänglicher als ein Bruder" (Sprüche 18,24)? Außerdem: behältst du Geheimnisse für dich (siehe Sprüche 17,9)? Oder verbreitest du Gerüchte über Freunde und hörst dir Gerüchte an?

4. Sei verständnisvoll

Du musst verstehen, dass das Leben deines Freundes sich nicht um dich dreht! Das macht ihn aber nicht zu einem schlechteren Freund. Das bedeutet einfach, dass es Zeiten gibt, in denen er Zeit mit anderen Menschen verbringt, sei es mit seiner Familie oder sogar mit anderen Freunden. Wenn du das verstehst, kannst du deinen Freund auch in seinen anderen Verpflichtungen unterstützen. Du kannst ihm in allen Lebenslagen und Beziehungen Mut machen. Du kannst für deinen Freund beten und deine Hilfe anbieten, wo immer es geht.

5. Sei ehrlich

Eine Segnung wahrer Freundschaft ist Ehrlichkeit. Die Bibel drückt es so aus: *„Treu gemeint sind die Schläge des Freundes [...] Öl und Räucherwerk erfreuen das Herz, so auch die süße Rede eines Freundes aus dem Rat seiner Seele."* (Sprüche 27,6.9) Mit einem wahren Freund solltet ihr euch gegenseitig verpflichtet fühlen, einander hinaufzuziehen zu den Zielen und Maßstäben Gottes. Dafür musst du ein vertrauenswürdiger Freund sein, der die Dinge so sagt, wie sie sind.

Und werde nicht traurig, wenn ein Freund seine Pflicht tut und dir ehrlich sagt, welche Fehler du machst. Er will dir dadurch helfen, in diesen Bereichen zu wachsen. Ehrlichkeit muss in beiden Richtungen funktionieren!

6. Vorsicht mit dem anderen Geschlecht!

Schon seit ich anfing, dieses Kapitel zu schreiben, brennt mir dieses Thema unter den Nägeln. Doch es war notwendig, zuerst ein solides Fundament für die Freundschaft im Allgemeinen zu legen – für die biblische, gottgefällige Freundschaft. Da dieses Fundament nun liegt, können wir uns einige Gedanken über das andere machen (wir werden im nächsten Kapitel ausführlicher darüber reden). Was wir bisher über Freundschaft gesagt haben, ist grundsätzlich auch für die Freundschaft mit

Mädchen gültig. Doch auf drei Dinge musst du in deinem Verhalten gegenüber Mädchen besonders achten:

- nicht zu freundlich sein,
- körperlich nicht zu nahe kommen und
- nicht unter vier Augen zusammen sein.

Wir werden nachher ausführlicher darüber reden.

7. Sei einer, der ermutigt

Jeder kann deinem Freund zehn Dinge nennen, die an ihm oder an seinem Verhalten falsch sind. Aber wenn du ihn ermutigen willst, musst du ihm auch sagen, was gut an ihm ist. Und nicht nur das. Lass uns wieder etwas von der Freunschaft zwischen David und Jonathan lernen. Ihre Beziehung war auf der Grundlage ihrer gemeinsamen Liebe zu Gott aufgebaut. Wie haben sie sich daher ermutigt? Die Bibel sagt, dass Jonathan – als er wusste, dass sein Vater Saul David umbringen wollte – zu David ging, um ihm Mut zu machen. Wie machte er das? Es heißt in 1. Samuel 23,16, dass er „seine Hand in Gott stärkte“. Er half ihm, Kraft zu finden, indem er ihn aufs Neue auf die Quelle der Kraft hinwies – auf Gott.

Am allerbesten kannst du deine Freunde ermutigen, indem du ihnen hilfst, Kraft aus Gott zu schöpfen – durch die Bibel und durch gemeinsames Gebet. Du kannst außerdem auch mal Komplimente machen, aber dein Lob muss immer ehrlich sein. Sage deinen Freunden, was du an ihnen schätzt, was du an ihrem Verhalten oder Charakter bewunderst.

Wenn du andere ermutigen willst, muss es dir ein Anliegen sein, ihre Beziehung zu Gott zu stärken und zu fördern. Wenn sie geistlich wachsen, wirst auch du zum geistlichen Wachstum herausgefordert. Es geschieht das, was Sprüche 27,17 sagt: *„Eisen schärft Eisen; ebenso schärft ein Mann den anderen."* Das ist wahre Ermutigung – einander zum geistlichen Wachstum anspornen. Und du wirst davon profitieren, wenn deine Freunde wachsen. Warum? Weil deine Freunde deine Zukunft sind. Du wirst von deinen Freunden mitgeprägt und wirst ihnen ähnlich.

8. Sei aktiv

Du und ich – wir müssen bewusste Entscheidungen treffen, wenn unsere Freundschaften erhalten bleiben und wachsen sollen. Es braucht Zeit, Aufmerksamkeit und gewisse Mühe, um gute Freundschaften zu pflegen. Du kannst eine Freundschaft nicht vernachlässigen und erwarten, dass sie lebendig und gesund bleibt. Nein, du musst daran arbeiten, ein guter Freund zu sein – ein Telefonanruf, eine Email, eine Einladung, mit dir und deiner Familie einen Ausflug zu unternehmen...

Der Apostel Paulus schrieb an seine Freunde in Philippi: „Ich trage euch in meinem Herzen." (Philipper 1,7) Trägst du deine Freunde auch im Herzen? Bist du aktiv an ihrem Leben beteiligt?

9. Sei ein Beter

Eines der größten Geschenke, das du deinen Freunden machen kannst, ist für sie zu beten. Jeder hat täglich mit Schwierigkeiten zu kämpfen. Deine Freunde haben mit Problemen zu tun, von denen sie dir vielleicht noch nicht einmal erzählen würden. Du wirst nie erfahren, was für

Kämpfe sie in ihrem Leben auszufechten haben. Darum bete für sie.

Und für welche Anliegen solltest du beten? Bete, dass sie geistlich wachsen, bete für ihre Beziehungen, ihre Schulaufgaben, ihre Dienste in der Gemeinde und andere Aktivitäten. Außer seinen Eltern und dem Jugendleiter bist du vielleicht der einzige Mensch, der für deinen Freund betet!

Darum sei treu, bete häufig und intensiv für deine Freunde. Du weißt nie, ob sie nicht gerade jetzt dein Gebet besonders brauchen, weil sie gerade einer großen Versuchung widerstehen müssen oder weil sie eine schwere Entscheidung zu treffen haben.

Verwandle dein Leben in ein extremes Abenteuer

Weißt du noch, wie dieses Kapitel begann? Wir sprachen darüber, dass es bei einer Bergtour wichtig ist, einen erfahrenen Begleiter zu haben. Ein kluger Bergsteiger wird als Begleiter Männer mitnehmen, die genauso gut oder besser sind als er. Und es ist ja klar, warum. Wenn er in Schwierigkeiten gerät, braucht er jemanden, der ihm hilft.

Genauso ist es mit Freundschaften. Du solltest nach Freunden Ausschau halten, die mit dir die gleiche geistliche Ausrichtung haben – Freunde, die mit dir an einem Strang ziehen, oder dir sogar helfen, im Christsein auf höhere Ebenen zu steigen. Und wo findest du diese Art von Freunden? Gewöhnlich in deiner Gemeinde.

Deine Glaubensgeschwister sind da, wenn du geistliche Hilfe und Ermutigung brauchst. Sie können dir helfen, Gottes Maßstäbe verbindlich auszuleben. Kurz gesagt, deine besten Freunde sollten starke, gleichgesinnte Christen sein, die dir helfen, die besten Gedanken zu denken, die besten Taten zu vollbringen und das Beste aus deinem Leben zu machen.

Wenn du also Freunde suchst, dann sorge zuerst dafür, dass du selbst in den Eigenschaften wächst, die du in einem guten Freund suchst. Beurteile dich selbst nach den höchsten Maßstäben – den Maßstäben Gottes – und bezeichne niemanden als deinen „besten Freund", der nicht die gleichen geistlichen Ziele hat.

Vergiss nie, dass du und die anderen jungen Männer einen extrem steilen Berg erklimmen. Sicher ist es extrem abenteuerlich, aber auch extrem anspruchsvoll. Deine Freunde könnten ausrutschen und in einen tiefen Felsspalt abstürzen. Darum sei der beste Freund, den deine Kameraden als Begleiter wählen könnten – achte aber auch selbst darauf, wen du als Begleiter wählst. Du weißt nie, was dir auf dem Weg zum Gipfel zustoßen könnte. Du wirst Freunde brauchen, die dich davor bewahren, tief hinabzustürzen.

Schwere Entscheidungen für heute

Schaue dir die neuen Richtlinien für einen guten Freund noch einmal an. Was meinst du, in welchen Bereichen du als Freund besonders gut bist? Warum kannst du das so sagen?

Ermutigen
Komplimente machen

Schaue dir die Liste noch einmal an. Hast du einen oder zwei Bereiche entdeckt, in denen du besser werden musst? Welche Bereiche sind das und was wirst du tun, um ein besserer Freund zu werden?

- Dinge tun, die ich nicht gerne tue

Bist du davon überzeugt, dass es wichtig ist, Freunde weise auszuwählen? Warum – oder warum nicht?

- Du wirst von deinen Freunden beeinflusst
- Unterstützung im Glaubensleben

Die Messerklinge

„Strebe eifrig danach, dich Gott als bewährt zu erweisen, als einen Arbeiter, der [...] das Wort der Wahrheit recht teilt." (2. Timotheus 2,15)

Lies die Geschichte von David und Jonathan in 1. Samuel 14,6-14. Beschreibe, was für ein Kämpfer Jonathan war.

- Er vertraute Gott
- Er war mutig

Lies 1. Samuel 17,32-37 und 48-51. Beschreibe, welchen Mut David besaß.

- Er vertraute Gott
- Er hatte vor nichts Angst

Lies nun 1. Samuel 18,1-4; 19,1-6 und 20,1-42. Wie und auf welcher Grundlage entwickelte sich die Freundschaft zwischen David und Jonathan?

- David blieb bei Saul
  ↳ Zeit
- Sie hatten dieselbe Gesinnung
  ↳ das gleiche Ziel
- Jonathan unterstützte ihn
- Er redete Gutes über David

Welche Lektionen über Freundschaft kannst du von David und Jonathan lernen?

- gegenseitige Unterstützung
- Sie gingen den selben Weg
- Sie verraten sich nicht

Kapitel 10

Gegen Versuchung kämpfen

„Zieht die ganze Waffenrüstung Gottes an, damit ihr standhalten könnt gegenüber den listigen Kunstgriffen des Teufels..." (Epheser 6,11)

„Krieg ist Hölle!" – Diese Aussage habe ich sehr oft von meinem Vater gehört, der im Zweiten Weltkrieg in Deutschland gekämpft hat. Doch eine Generation später saß ich selbst in einem Schulungsraum im Fort Bragg, North Carolina, und hörte es wieder... und ich begann etwas von der Wahrheit dieser Worte zu spüren: *„Krieg ist Hölle!"* – Meine Reserve-Einheit wurde zum Dienst einberufen, als es im Jahr 1990 zu der Krise in Bosnien kam. Wir sollten nach Deutschland fliegen, um dort die Pflichten einer regulären Einheit in einem Armee-Hospital zu übernehmen, weil diese an die Front nach Bosnien versetzt worden war.

So saß ich also da und bekam die Anweisungen für einen eventuellen Kampfeinsatz. Ich wurde aufgeklärt über verschiedene Arten von Landminen, über Heckenschützen und Mörsergranaten, chemische Kampfstoffe und andere Bedrohungen des Krieges. Es war klar – wir sollten für jede mögliche Gefahr vorbereitet sein, wenn wir das Kampffeld betreten würden.

Das Leben ist ein Kampf

Als Christ zu leben, bedeutet auf dem Kampffeld zu sein. (Wenn du nicht so denkst, kennst du wahrscheinlich noch kein echtes Christenleben!) Wie wir schon gesagt haben, sagte der Herr Jesus selbst: *„In der Welt habt ihr Angst."* (Joh. 16,33) Diese Welt versucht, uns Angst einzujagen und stellt uns vor viele Schwierigkeiten. So wie die Soldaten einer Armee auf die Gefahren im Kampf vorbereitet werden, bereitet auch Gott uns auf die unvermeidlichen Schlachten unseres Lebens vor. Zu diesen Vorbereitungen gehörten die Kapitel 1-5. Wie du dich erinnerst, sprachen wir in diesen Kapiteln darüber, wie wichtig es ist, dass du dich für das Leben vorbereitest, indem du deine Prioritäten richtig festlegst. Eine dieser Prioritäten ist die Bereitschaft, den Angriffen des Feindes zu widerstehen.

Die meisten von uns bräuchten nicht lange darüber nachzudenken, mit welchen Versuchungen sie jeden Tag kämpfen müssen, wenn sie eine Liste anfertigen sollten. Hoffentlich ist diese Liste bei dir nicht allzu lang. Doch während du im Glauben und im Leben wächst, wirst du immer mehr sündige Reize in der Welt entdecken und deine Liste der Versuchungen könnte sich gewaltig verlängern.

Gott erklärt uns in der Bibel, was der Feind mit seinen Angriffen in unserem Leben erreichen will. Galater 5,19-21 zeigt uns eine ganze Liste der feindlichen Ziele für unser Leben: *„Offenbar sind aber die Werke des Fleisches, welche sind: Ehebruch, Unzucht, Unreinheit, Zügellosigkeit; Götzendienst, Zauberei, Feindschaft, Streit, Eifersucht, Zorn, Ehrgeiz, Zwietracht, Parteiungen; Neid, Mord, Trunkenheit, Gelage und dergleichen..."*

Schrecklich, nicht wahr? Wie in aller Welt kann ein junger Mann diese Versuchungen in den Griff bekommen und erfolgreich gegen sie ankämpfen? Deine

Besorgnis darüber ist schon der erste Schritt in diesem Kampf! Der zweite Schritt ist das Verständnis dafür, dass du gewisse Entscheidungen treffen musst.

Zwei Männer, zwei Entscheidungen, zwei Wege

Es wurde schon vieles über die Wichtigkeit von Entscheidungen gesagt. Kennst du schon diesen weisen Spruch:

> *„Kleine Entscheidungen bestimmen Gewohnheiten;*
> *Gewohnheiten prägen und formen den Charakter;*
> *der Charakter fällt große Entscheidungen."*

Oder diesen:

> *„Entscheidung – nicht Zufall –*
> *bestimmt das Schicksal der Menschheit."*

Um zu sehen, dass diese Worte wirklich der Wahrheit entsprechen, betrachte zwei Männer, die zwei Entscheidungen trafen, welche zu zwei unterschiedlichen Wegen oder Schicksalen führten.

Mann Nr. 1: Kain

Er war der erste Sohn von Adam und Eva. Kain und sein Bruder Abel brachten Gott Opfer, doch Gott reagierte auf ihre Opfergaben sehr unterschiedlich. Gott hatte Gefallen an Abel und an seinem Opfer, aber das Opfer von Kain gefiel ihm nicht (siehe 1. Mose 4,1-8).

Was passierte dann? Wie sollte Kain reagieren, nachdem sein Opfer Gott nicht gefallen hatte? Er hatte die Wahl zwischen zwei Möglichkeiten – er konnte entweder demütig zu Gott kommen und für seine verkehrte Opfergabe und für seine eigene Sünde um Vergebung bitten, oder aber zornig darüber werden, dass Gott mit ihm unzufrieden war. Unglücklicherweise entschied sich Kain für die schlechtere Variante. Er wurde zornig auf Gott. Gott selbst warnte ihn wegen seiner verkehrten Einstellung und vor ihren Konsequenzen mit den Worten: *„die Sünde lauert vor deiner Tür, und ihr Verlangen ist auf dich gerichtet; du aber sollst über sie herrschen!“* (Vers 7)

Zwei Männer, zwei Entscheidungen, zwei Wege. Welche verkehrte Entscheidung traf der Mann Nr. 1? Kain entschied sich dafür, von der Sünde beherrscht zu werden und bestand die Prüfung nicht. Er ging mit der Versuchung nicht so um, wie Gott es wollte. Seine Eifersucht auf Abel und die Anerkennung Gottes ließen ihn tief hinabsinken und führte schließlich zum Mord an seinem Bruder.

Am Ende hatte er sich durch seine Unfähigkeit, der Versuchung zu widerstehen, für den Segen Gottes disqualifiziert und sein Leben konnte keinen positiven Einfluss auf andere ausüben. Seine Entscheidung brachte ihn auf den Weg des Verderbens.

Mann Nr. 2: Jesus

Dieser Mann lebte tausende Jahre später als Kain und Abel. Auch er hatte mit Versuchungen zu kämpfen. Nachdem er 40 Tage gefastet hatte und sich in einem Zustand der körperlichen Schwäche befand, wurde er vom Satan in drei verschiedenen Bereichen versucht. Er wies alle drei Angriffe zurück, indem er das Wort Gottes zitierte (siehe Lukas 4,1-12).

Jesus entschied sich dafür, der Versuchung zu widerstehen. Er bestand die Prüfung und betrat einen Weg, auf dem er großen positiven Einfluss ausübte. Indem er den Weg zum Kreuz wählte, beeinflusste er die ganze Welt. Sein Weg brachte dir und mir die Erlösung. Stellen wir nun die beiden Männer einander gegenüber:

Zwei Männer:	**Kain**	**Jesus**
Zwei Entscheidungen:	gab der Sünde nach	widerstand der Versuchung
Zwei Wege:	ermordete seinen Bruder	starb für andere
Zwei Ergebnisse:	Selbstzerstörung	Errettung vieler anderer

Deine Entscheidung, dein Weg

Die Entscheidungen dieser beiden Männer geben dir und mir sehr ernüchternde Lektionen über die Wichtigkeit des richtigen Umgangs mit Versuchung und Sünde. (Ist dir aufgefallen, dass ich die Versuchung vor der Sünde nenne? Die Versuchung ist noch nicht gleich Sünde. Kain wurde versucht – die Sünde „lauerte vor seiner Tür". Er hätte der Versuchung widerstehen können, dann hätte er nicht gesündigt! Aber er unterlag der Versuchung und darum sündigte er. Jesus wurde auch versucht, aber widerstand allen Anfechtungen und blieb darum ohne Sünde.)

Die zwingende Frage ist nun – was ist mit dir? Wie gehst du mit deinen Gedanken und mit Versuchungen um? Wohin führen dich deine Entscheidungen? In welche Richtung gehst du? Ich bin mir sicher, dass du – wie auch ich und alle anderen Männer – solche Kämpfe kennst. Und ich bin mir auch sicher, dass du nicht immer damit zufrieden bist, wie du die Versuchung beherrschst – oder eben nicht beherrschst.

Habe Mut, mein lieber Mitkämpfer. Gott hat uns einen Weg vorbereitet, auf dem wir der Versuchung widerstehen und den Sieg erringen können. Die Bibel sagt uns in 1. Korinther 10,13: „Es hat euch bisher nur menschliche Versuchung betroffen. Gott aber ist treu; er wird nicht zulassen, dass ihr über euer Vermögen versucht werdet, sondern er wird zugleich mit der Versuchung auch den Ausgang schaffen, so dass ihr sie ertragen könnt."

Gottes Vorsorge für deine Versuchungen

Die Tatsache der Versuchung ist real – sehr real! Und die gute Nachricht lautet, dass Gott bereits dafür gesorgt hat, dass du in der Versuchung standhaft bleiben kannst.

Zuerst: Gott hat ein neues Gesetz erschaffen

Ein Gesetz (Naturgesetz) ist der Weg, wie etwas funktioniert. Das Gesetz der Gravitation besagt zum Beispiel, dass alles, was in der Nähe der Erde ist, von der Erde angezogen wird und deswegen herunterfällt. Wenn du also vom Dach eines zehnstöckigen Hauses hinunterspringst, wirst du von der Erde angezogen, fällst herunter und – stirbst. Es gibt aber noch ein anderes Gesetz, welches das Gesetz der Gravitation zwar nicht außer Kraft setzt, dich aber dennoch davon befreien kann! Es ist zum Beispiel das Gesetz der Aerodynamik. Dieses Naturgesetz erlaubt einem tonnenschweren Jumbo-Jet zu fliegen ohne zu Boden zu stürzen.

In der gleichen Weise befreit Gott uns von dem Gesetz der Sünde und des Todes (siehe Römer 8,2) – von dem Gesetz, dass uns keine andere Wahl lässt als zu sündigen und ohne Christus den ewigen Tod zu erleiden.

Doch wenn wir an Jesus Christus glauben, kommen wir unter den Einfluss eines anderen Gesetzes – des „Gesetzes des Geistes des Lebens in Christus Jesus“. Dieses neue Gesetz macht uns frei von den Fesseln der Sünde. Wir haben die Kraft dieses neuen Gesetzes in uns, wenn wir uns entscheiden, der Versuchung zu widerstehen. Diese Kraft ist die Kraft des Heiligen Geistes, der nun in uns wohnt. Damit sind wir auch schon bei der zweiten Vorsorge Gottes:

Zweitens: Gott hat uns einen Reiseführer gegeben

Ein Reiseführer ist jemand, der dich durch ein fremdes Gebiet führt und dich vor dem Verirren bewahrt. Der Herr Jesus hat seinen Nachfolgern verheißen, ihnen einen solchen „Reiseführer“ zu senden, der immer bei ihnen sein würde. Damit meinte er den Heiligen Geist, der in den Gläubigen wohnt und sie „in alle Wahrheit leitet“ (Johannes 16,13). Als du und ich zu Christus kamen, wurde diese Verheißung an uns wahr, wir haben nun den Heiligen Geist, der uns durchs Leben leiten und uns in jeder Lage beistehen will.

Drittens: Gott hat uns ein Leitbuch gegeben

Gott hat dir ein Buch gegeben, durch das er dich ganz persönlich leiten möchte. Alles, was du wissen musst, um ein gottesfürchtiges Leben zu leben und jeder erdenklichen Versuchung zu widerstehen, findest du in diesem Buch (siehe 2. Petrus 1,3).

Viertens: Gott hat dir Ratgeber gegeben

Gott hat dir andere Gläubige als Begleiter gegeben, die

dir helfen können, den Versuchungen dieser Welt zu widerstehen. Darum ist es wichtig, in einer Gemeinde fest eingebunden zu sein. Da findest du Christen, von denen du zur Verantwortung gezogen wirst, aber auch weise Ratschläge erhältst. Ich selbst bin Gott sehr dankbar für die vielen Männer, die treu auf mich „aufgepasst" haben. Diese Kämpfer fühlten sich dazu verpflichtet, mein geistliche Festigkeit auf dem Kampffeld des Lebens zu überwachen.

Nun sagst du vielleicht: „Aber Jim, du kennst meine Situation nicht. Du weißt nicht, wie sehr ich unter Druck stehe – Druck in der Schule, Druck zu Hause und Druck von meinen Kameraden. Ich kann gar nicht anders, als der Versuchung nachzugeben. Egal wie sehr ich mich bemühe, ich kann diese bestimmten Sünden nicht überwinden!"

Nun, du hast Recht. Ich weiß nicht, mit welchen bestimmten Problemen du gerade kämpfst. Aber ich weiß, dass du nicht alleine bist. Mit Versuchungen haben alle Christen zu kämpfen (siehe 1. Kor. 10,13). Darum kann ich sagen, dass du und ich und alle Menschen im Grunde doch mit denselben Versuchungen zu kämpfen haben. Das ist die schlechte Nachricht.

Aber die gute Nachricht ist, dass Gott einen Ausweg geschaffen hat, einen „Fluchtweg zum Sieg", durch eben diese vier Kraftquellen:

Ein neues Gesetz – Leben in Christus,
einen Reiseführer – den Heiligen Geist,
ein Leitbuch – die Bibel, und schließlich
Ratgeber – weise Mitchristen.

Du besitzt damit die Fähigkeit, den Versuchungen, die dich täglich bedrängen, zu widerstehen. Aussagen wie „ich kann das nicht" gehören nicht länger in deinen Mund. In Jesus Christus musst du sagen: „ich kann!" Paulus fordert uns auf, stark zu sein *„in dem Herrn und in der Macht seiner Stärke"* (Epheser 6,10).

Wenn du also in der nächsten Sekunde mit einer Gelegenheit zur Sünde konfrontiert wirst, denke daran: „Ich vermag alles durch den, der mich stark macht!" (siehe Philipper 4,13) Gott gibt dir das „Ich kann" für die Begegnung mit dieser Versuchung. Aber du musst für das „ich will" sorgen. Es ist deine Entscheidung. Dein Weg und dein Charakter stehen auf dem Spiel! Es gibt hier keine kleinen und bedeutungslosen Entscheidungen!

Ja, aber wie?

Gibt es wirklich einen Ausweg? Wie wir gerade gesehen haben, gibt es ihn! Gott hat dir Kraftquellen gegeben, um der Versuchung zu widerstehen. Aber er bittet dich, deinen Teil dazu beizutragen. Er fordert dich auf: Sei „stark in dem Herrn und in der Macht seiner Stärke." Weiter sagt er: „Zieht die ganze Waffenrüstung Gottes an, damit ihr standhalten könnt gegenüber den listigen Kunstgriffen des Teufels..." (Epheser 6,10-11). Wenn du also deinen Teil dazu beitragen und den guten Kampf kämpfen willst, solltest du folgende praktische Entscheidungen treffen:

Strebe nach Heiligung

Genau darüber spricht Gott, wenn er sagt: „Zieht die ganze Waffenrüstung Gottes an." Die Waffenrüstung Gottes – ein geheiligtes Leben – bietet dir Schutz in den Kämpfen des Lebens. „... jage aber der Gerechtigkeit, dem Glauben, der Liebe, dem Frieden nach..." (2. Timotheus 2,22). Wie zieht man die Waffenrüstung Gottes an? Durch das Lesen der Bibel, durchs Gebet, Gebetsgemeinschaften mit anderen Christen und durch die Verantwortung vor deinem Jugendleiter und Freunden, die fest im Glauben stehen. Das sind Gottes Kraftquellen für den Krieg des Lebens!

Meide Orte der Versuchung

Halte dich fern vom Fernsehen, von Filmen und von Musikarten, die nicht dem göttlichen Standard entsprechen oder deine sexuelle Lust anregen. Bleib weg von Zeitschriften oder Postern mit sinnlichen Bildern. Unterhalte dich nicht mit Menschen, die über Sünde reden oder sogar mit ihrer Sünde angeben. Sei nie alleine mit einer Person des anderen Geschlechts. Der Rat, den Paulus seinem jungen Nachfolger gab, ist auch für dich und mich sehr nützlich: „So fliehe nun die jugendlichen Lüste." (2. Timotheus 2,22)

Meide Menschen, die dich versuchen

Im letzten Kapitel sprachen wir darüber, wie man sich die besten Freunde aussuchen sollte – Freunde, die dich nach oben ziehen und dir im Leben weiterhelfen. Aber ich habe nicht erwähnt, dass es noch eine andere Art „Freunde" gibt. Diese Art Freunde musst du meiden wie die Pest! Vermeide jede Freundschaft, die dich „nach unten zieht". Sei vorsichtig mit deinen Freunden von früher oder auch von heute, wenn sie niedrigere Maßstäbe haben als die, die du im Leben erreichen möchtest.

Das Christsein ist schwer genug ohne den Einfluss solcher Menschen auf dein Leben. Darum tue dir selbst einen Gefallen und verzichte auf diese Art Freunde, vor allem wenn du nicht stark genug bist, ihrem negativen Einfluss zu widerstehen... denn schließlich musst du wissen: „Lasst euch nicht irreführen: Schlechter Umgang verdirbt gute Sitten." (1. Korinther 15,33)

Erlaube deinen Augen nicht herumzustreunen

Die meisten (sexuellen) Versuchungen erreichen dich über deine Augen – pornografische Poster und Plakate, Zeitschriften, Filme, aber auch Menschen im Schwimmbad, am Strand und an heißen Tagen sogar mitten in der Stadt senden solche Versuchungen aus. Der Herr Jesus sagt, du kannst die Sünde des Ehebruchs in deinem Herzen begehen, wenn du eine Frau mit begehrlichen Gedanken anschaust (siehe Matthäus 5,28). Darum entschließe dich, dem Vorbild Hiobs zu folgen. Dieser Mann hat gesagt: *„Ich hatte einen Bund geschlossen mit meinen Augen, dass ich ja nicht begehrlich auf eine Jungfrau blickte."* (Hiob 31,1)

Strebe nach einer gesunden Haltung zur Freundschaft mit Mädchen

Ich habe schon angekündigt, dass wir mehr über die Freundschaft mit Mädchen reden würden, nicht wahr? Nun, dieses Thema ist in christlichen Kreisen ein heißes Eisen. Die Diskussion darüber, wann man anfangen darf und wie man eine solche Freundschaft gestalten soll, - ob man sich zu zweit treffen darf oder nur mit einem anderen Pärchen, ob man überhaupt eine Freundschaft haben darf oder sich gleich verloben soll – wird wohl nicht so schnell ein Ende nehmen. Und doch brauchst du klare Maßstäbe!

Beginne also damit, dass du deine deine Eltern fragst, was sie darüber denken. Frage sie, wie du das machen solltest. Sprich dann auch mit deinem Jugend- oder Jungscharleiter über diese Frage. Was sagen sie dir?

Zuletzt möchte auch ich gerne meine Ratschläge hinzufügen, um dir bei der Entscheidung zu helfen. Warum solltest du dir nicht gerade in dieser Frage besonders hohe Maßstäbe ansetzen? Warum entscheidest du dich nicht dafür...

... keine Freundschaft zu beginnen, solange du zur Schule gehst? Ich habe auf diesem Gebiet einige Beobachtungen gemacht und mit vielen Menschen (Lehrern, Jugendleitern, Eltern, Seelsorgern) darüber geredet. Sie sind sich darin einig, dass – wenn überhaupt – nur ganz wenige Freundschaften, die während der Schulzeit geschlossen werden, in einer Ehe enden. Warum also so früh mit der Freundschaft beginnen? Vielleicht ist es dir schon aufgefallen, dass die meisten Versuchungen, die auf dich einstürmen, sexuelle Reize sind – und das wird so bleiben. Und Freundschaft mit einem Mädchen zu beginnen, ohne dabei ein gottgewolltes Ziel zu verfolgen, hat keinen Sinn! Du machst dir damit nur noch mehr Probleme, weil du dich auf eine emotionale Achterbahn begibst und irgendwann die Kontrolle über dich verlieren kannst.

...dich vielmehr auf Gruppenaktivitäten zu konzentrieren? Ich meine damit vor allem Aktivitäten, die in deiner Gemeinde angeboten werden. Nutze diese Zeit um zu beobachten, wie sich die gläubigen Mädchen verhalten. Was für Ziele haben sie? Wo ist ihr Herz? (Denke daran: So wie es wichtig ist, dass deine Freunde die gleiche geistliche Ausrichtung haben wie du, so ist es auch wich-

tig, dass Mädchen, mit denen du zu tun hast – und irgendwann schließlich auch deine zukünftige Frau – dieselben Ziele verfolgen wie du.)

... *deine Eltern in die Entscheidung mit einzubeziehen?* Frage deine Eltern danach, nach welchen Kriterien du dir einen Partner fürs Leben aussuchen sollst.

...*moralisch und sexuell rein zu bleiben – und zwar um jeden Preis?!* Diese Entscheidung musst du schon jetzt treffen, lange bevor du eine Freundschaft beginnst. Du musst sie auch später immer wieder neu treffen, vor jedem Zusammensein mit deiner Freundin (wenn es mal soweit ist). Denke daran – es ist eine geistliche Entscheidung. Willst du dem Weg dieser Welt oder dem Weg Jesu Christi folgen?

Verwandle dein Leben in ein extremes Abenteuer

Mein lieber junger Bruder, lass uns den Kampf gegen die Versuchung entschlossen kämpfen – gegen jede Versuchung, vor allem gegen die sexuellen Reize! Du sitzt nun im Schulungsraum und erhältst Anweisungen für den Krieg – den Krieg gegen die Sünde und gegen die Versuchung. Es ist eine unerbittlich harte Tatsache: Die Schlacht gegen die Versuchung hört nie auf, solange wir leben! Solange du noch atmest, wird die Versuchung alle Bereiche deines Lebens unter Beschuss nehmen – darum sei wachsam und gebrauche die Kampfmittel Gottes!

Das ist die Frage, die nun bleibt – wirst du es Gott erlauben, deinen Kampf auszufechten, indem du seine Kampfmittel einsetzt, die er dir zur Verfügung gestellt hat? Oder wirst du es lieber alleine versuchen? Wenn du es alleine versuchst, wirst du versagen. Ich wiederhole: Du wirst versagen! Darum baue lieber auf die Kraft Gottes. Du hast sein Wort. Du hast seinen Geist. Du hast die Waffe des Gebets. Du hast weise Ratgeber und Menschen, die für dich sorgen. Durch Gott und seine Kraftquellen ist der Sieg dein.

„Gott aber sei Dank, der uns den Sieg gibt durch unseren Herrn Jesus Christus!" (1. Korinther 15,57)

Schwere Entscheidungen für heute

Versuche dich an die Gedanken und Unterhaltungen des heutigen Tages zu erinnern. Gibt es da etwas, was nicht gut war? Welche Bibelverse, die wir heute betrachtet haben, könnten dir eine Hilfe sein?

– Lasst euch nicht irreführen: „Schlechter Umgang verdirbt gute Sitten" (1. Korinther 15,33)

– „So fliehe nun die jugendlichen Lüste"

Gibt es Bereiche in deinem Leben, in denen du es nicht schaffst, der Versuchung zu widerstehen? Bitte Gott um Vergebung und lade ihn ein, in diesem Bereich mit dir zu kämpfen.

Kennst du einen reiferen Christen, der dich in dieser Sache zur Verantwortung ziehen könnte? Wie könntest du ihn um Hilfe bitten?

Die Messerklinge

„Strebe eifrig danach, dich Gott als bewährt zu erweisen, als einen Arbeiter, der [...] das Wort der Wahrheit recht teilt." (2. Timotheus 2,15)

Schlage in deiner Bibel die unten aufgeführten Stellen auf. Schreibe auf, was diese Stellen über die Reinheit deines Körpers lehren und warum diese Reinheit für Gott – und für dich – so wichtig ist. (Achtung – manchmal sind mehrere Antworten möglich.)

1. Korinther 6,19

- Der Heilige Geist wohnt in uns
↳ den uns Gott gegeben hat

1. Korinther 6,20; 1. Petrus 1,18-19

- Gottes Verherrlichung
- Wir sind teuer erkauft

1. Thessalonicher 4,3-5

- Wir sollen in Heiligung leben

Wenn deine Reinheit Gott so wichtig ist, was wirst du tun, um sie zu bewahren?

- Gott beständig darum bitten
- Mich von jeglicher Unzucht / ~~Bez~~ Beziehungen fern halten.

Lies 1. Mose 39, die Geschichte von Josef und der Frau des Potifar. Lies dann 2. Samuel 11, die Geschichte von David und Batseba.
Was meinst du, worin der Unterschied in der Reaktion dieser beiden Männer auf die sexuelle Verführung bestand?

1. Mose 39
- Josef weigert sich, um nicht gegen Gott zu sündigen
- Er floh von der Frau
- Doch der Herr war mit Joseph und verschaffte ihm Gunst …

2. Samuel 11
- David wurde versucht und widerstand nicht!
- Er begang Ehebruch
- Die Sache, war böse in den Augen des Herrn

Kapitel 11

Sich nach anderen ausstrecken

Empfindest du manchmal, dass du als Christ zu einer Minderheit gehörst? Dass du von lauter Riesen umgeben bist? Dass du klein und unbedeutend bist? Dass du sehr wenig Rückendeckung bekommst, weil deine Lehrer und Mitschüler an etwas anderes glauben, vielleicht an das Gegenteil von dem, was du glaubst? Dass deine Armee beinahe ausgerottet und der Kampf verloren ist?

Nun, wenn du schon mal diesen Eindruck hattest, bist du nicht alleine damit. Zehn andere Soldaten eines Sondereinsatzkommandos hatten bereits vor etwa 3500 Jahren ganz ähnliche Sorgen. Du kannst den kompletten Bericht gerne in 4. Mose 13 nachlesen, aber lass mich hier erstmal den Hergang kurz wiedergeben.

Der „Grashüpfer-Komplex"

Gott hatte sein Volk aus dem Land Ägypten herausgeführt – mit Zeichen und Wundern! Erst ließ er die zehn Plagen über Ägypten kommen, dann teilte er das Rote Meer und versorgte sein Volk in der Wüste mit Essen und Trinken. Das Volk Israel hatte die gewaltige Macht Gottes täglich erlebt. Und nun standen sie an der Grenze zum Verheißenen Land. Als eine der letzten Vorbereitungen sandte Mose zwölf seiner besten Männer, um das Land auszuspionieren. Die „Operation Kanaan" dauerte 40 Tage. Am Ende dieser Zeit kamen die Männer wieder, um Bericht zu erstatten.

Zehn dieser starken Männer berichteten, dass das

Land ein wundervolles Stück Erde wäre, auf dem es tolle Früchte und andere Dinge gäbe, aber... es bestünde da ein großes Problem: Das Land war auch voller Riesen und diese wohnten in befestigten Städten. Diese Menschen waren soooo groß, dass die Kundschafter sich wie Grashüpfer vorkamen, als sie diese sahen. Die zehn Krieger schlossen daraus, dass es ein großer Fehler wäre, dieses Land erobern zu wollen. Die Riesen waren einfach zu groß und zu stark für sie!

Nun, habe ich dir nicht gesagt, dass du nicht der Einzige bist, der sich von seinen Umständen überwältigt fühlt? Wie ich sagte, gehörten die zehn Männer zu den besten Kriegern des Volkes – und selbst die hatten Angst vor dem, was sie im neuen Land erwartete.

Doch damit ist die Geschichte noch nicht zu Ende! Schließlich hatte Mose nicht zehn, sondern zwölf Männer ins Land geschickt. Was berichteten denn die anderen zwei Männer – Josua und Kaleb? Lass uns das in 4. Mose 14,8-9 nachlesen:

„Wenn der HERR Gefallen an uns hat, so wird er uns in dieses Land bringen und es uns geben — ein Land, in dem Milch und Honig fließt. Seid nur nicht widerspenstig gegen den HERRN und fürchtet euch nicht vor dem Volk dieses Landes; denn wir werden sie verschlingen wie Brot. Ihr Schutz ist von ihnen gewichen, mit uns aber ist der HERR; fürchtet euch nicht vor ihnen!"

„Fürchtet euch nicht vor ihnen" – war die Aufforderung von Josua und Kaleb! Warum konnten sie so mutig sein? Weil sie wussten: „Der HERR ist mit uns." Sie widerstanden sowohl dem Druck ihres eigenen Volkes als auch der Bedrohung durch die Riesen im Land.

Nun, heute erwartet Gott nicht von uns, dass wir ein Land erobern, indem wir die Menschen darin ausrotten. Gott erwartet allerdings von uns, dass wir in dieser Welt ein Zeugnis für ihn sind. Daher sollten wir nicht meinen, diese Aufgabe sei nicht zu bewältigen. Wir sollten diese Welt nicht für unbesiegbar halten. Lass uns darauf achten, dass wir nicht denselben „Grashüpfer-Komplex" enwickeln wie die zehn Kundschafter. Lass uns stark sein, wie Josua und Kaleb. Lass uns den Kampf unserem Gott überlassen. Er wird für uns den Sieg erringen.

Ja, aber wie? (Wir entwickeln einen Schlachtplan)

Immer wieder höre ich, dass Jungen sagen, sie wüssten nicht, wie sie ihren Glauben bezeugen können. Sie meinen, sie wüssten noch zu wenig aus der Bibel oder Theologie, um von ihrem Glauben an Jesus zu erzählen. Deswegen scheuen sie sich davor, die vielen Gelegenheiten zu ergreifen, um sich nach anderen Menschen auszustrecken und ihnen das Evangelium von Jesus Christus zu bringen. Geht es dir auch so? Dann bist du nicht alleine.

Es ist wirklich wahr, dass Fähigkeiten und Wissen sehr wichtig sind und dass du deswegen das Wort Gottes sehr gut kennen lernen solltest. Du brauchst eine gute Zurüstung, um deinen Glauben an Christus anderen mitzuteilen. Aber du brauchst nun wirklich kein theologisches Studium, um das, was dir im Leben am allerwichtigsten ist, anderen zu erklären – wenn sie es denn hören wollen.

Zeugnis geben

Ein Beispiel

Ich weiß ja nicht, wie lange du schon im Glauben bist, doch bestimmt hast du schon mal deinen Pastor, Jungschar- oder Jugendleiter über das „Zeugnis geben" reden gehört. Ein „Zeugnis" ist im Grunde genommen die Geschichte, wie du zum Glauben an Christus gekommen bist. Um dir zu zeigen, wie einfach es ist, ein solches Zeugnis weiterzugeben, möchte ich dich auf die Geschichte von dem besessenen Mann in Markus 5,1-20 hinweisen.

Dieser Mann war von einem ganzen Heer von Dämonen besessen. In seiner Barmherzigkeit trieb Jesus diese Geister aus ihm hinaus und erlaubte ihnen, in Schweine hineinzufahren; die Schweine rannten daraufhin in den See Genezareth und ertranken.

Du kannst dir vielleicht vorstellen, wie glücklich der Mann war, von den Dämonen befreit worden zu sein. Sofort fragte er Jesus, ob er mit ihm mitkommen dürfte. Jetzt hättest du vielleicht erwartet, dass Jesus zu ihm sagt: „Klar, komm, folge mir nach und studiere etwas Theologie. Sitze zu meinen Füßen und lass mich dir einige Jahre etwas beibringen, bis du dazu in der Lage bist, dein Zeugnis an andere weiterzugeben."

Nein, Jesus sagte nur zu ihm: *„Geh in dein Haus, zu den Deinen, und verkündige ihnen, welch große Dinge der Herr an dir getan und wie er sich über dich erbarmt hat!"* (Markus 5,19) Das war nichts anderes, als wenn Jesus gesagt hätte: „Geh nach Hause und gib dort dein Zeugnis weiter!" Du siehst also, dass dieser Mann, der sich gerade erst zu Christus bekehrt hatte, alle Fähigkeiten besaß, die er brauchte, um von seinen Erfahrungen mit Jesus zu berichten.

Und was geschah dann? Was war die Folge davon, dass dieser Mann dem Herrn Jesus gehorchte? Die Bibel sagt uns in Markus 5,20: *„Und er ging hin und fing an, im Gebiet der Zehn Städte zu verkündigen, welch große Dinge Jesus an ihm getan hatte; und jedermann verwunderte sich."*

Die Folgen

Welche Wirkung hatte das veränderte Leben dieses Mannes auf die anderen Menschen? Ich glaube, dass wir das im siebten Kapitel des Markusevangeliums sehen können. In Markus 7,31-8,9 lesen wir, dass Jesus eine heidnische Region außerhalb Israels durchwanderte. Jesus war noch nie dort gewesen und war dort auch nicht sehr bekannt. Doch erstaunlicherweise wartete da eine Menge von 4000 Männern (wie viele Frauen und Kinder dabei waren, wissen wir nicht) auf ihn. Sie alle wollten gerne seine Botschaft hören!

Woher kamen diese Menschen? Ich persönlich gehe davon aus, dass der befreite Mann aus Kapitel 5 genau das getan hat, was Jesus ihm befohlen hatte. Ich glaube, dass er gehorsam war und den Leuten erzählt hat, wie viel Jesus an ihm getan hatte. Ich glaube, dass er einfach sein Zeugnis erzählt hat und die Leute deswegen interessiert waren, etwas von Jesus selbst zu hören, sodass sie ihn suchten.

Die Einzelheiten

Mein junger Freund, dein persönliches Zeugnis von dem

Wirken des Herrn Jesus in deinem Leben ist das größte und mächtigste Werkzeug, um andere für Gott zu erreichen. Warum? Weil es deine Erfahrung ist. Es ist etwas Persönliches, darum kann niemand dagegen argumentieren. Und du kannst nie etwas verkehrt sagen, wenn du berichtest, was wirklich geschah. Die Tatsache, dass du davon erzählst, was du selbst erlebt hast, macht diese Erfahrung für die Zuhörer umso bedeutender.

Dein persönliches Zeugnis sollte aus drei Teilen bestehen:

Teil 1: Wie mein Leben vor der Begegnung mit Christus war,
Teil 2: Wie ich Christus begegnete,
Teil 3: Wie mein Leben seit der Begegnung mit Jesus Christus geworden ist.

Nimm dir etwas Zeit, um über deine Vergangenheit nachzudenken. Welche Umstände haben dazu geführt, dass du Jesus Christus als deinen Erlöser angenommen hast? Welche Veränderungen hast du – und hoffentlich auch die anderen – in deinem Leben gesehen, seit du Christ bist? Schreibe mit einigen Stichpunkten dein Zeugnis auf, benutze dabei die Einteilung in die genannten drei Teile. (Um dir dabei zu helfen, habe ich am Ende des Kapitels ein Arbeitsblatt dazu beigefügt.)

Wenn die Notizen fertig sind, bist du schon bereit, der Aufforderung des Petrus nachzukommen: *„Seid aber allezeit bereit zur Verantwortung gegenüber jedermann, der Rechenschaft fordert über die Hoffnung, die in euch ist..."* (1. Petrus 3,15) Darum schicke dafür ein Dankgebet zu Gott empor, dass du durch seinen Sohn eine Beziehung zu ihm haben darfst. Bitte ihn, dir noch in dieser Woche eine Gelegenheit zu geben, die „Hoffnung, die in dir ist" – dein persönliches Zeugnis - anderen mitzuteilen.

Brücken bauen

An einem christlichen College in den USA wurde der Sohn eines hohen ausländischen Beamten angemeldet, der kein Christ war. Es gab eine große Aufregung unter den Studenten, jeder fragte sich, wer wohl die Gelegenheit haben würde, diesen jungen Ausländer mit dem Evangelium zu konfrontieren und ihn zu Christus zu führen. Würde es ein Klassensprecher tun? Der Star-Athlet des Colleges? Der College-Seelsorger?

Nun, der ausländische Student kam zum Glauben an Christus. Doch jedermann war erstaunt darüber, wen Gott als seinen Botschafter benutzt hatte. Es war Tom, ein ganz gewöhnlicher Kerl. Niemand hätte gedacht, dass Tom besondere Begabung hätte, Zeugnis zu geben und das Evangelium zu erklären. Als ihn jemand fragte, wie es zur Bekehrung dieses Studenten kam, sagte er: „Ich habe eine Brücke gebaut. Eine Brücke zwischen meinem und seinem Herzen. Und dann ging Jesus über diese Brücke in sein Herz."

Freundschaften entwickeln – Brücken bauen. Genau das ist es, was ich meine, wenn ich davon rede, dass wir ein Herz dafür haben sollen, das sich nach anderen ausstreckt! Du und ich, wir müssen keine Pastoren oder Bibelexperten sein, um andere zu Jesus zu führen. Nein, aber wir müssen uns bei unseren Mitmenschen ein Recht darauf verdienen, von ihnen angehört zu werden... so wie Tom es tat.

Wie kannst du solche Von-Herz-zu-Herz-Brücken für

das Evangelium bauen? Hier sind einige Vorschläge, die dir beim Bauen solcher Brücken helfen sollen.

Lebe dein Zeugnis aus

Wenn du dein ganzen Leben kontinuierlich für Jesus Christus lebst, werden deine Mitschüler und Nachbarn sehen, dass er in dir wirkt. Sie sehen es...

... an deiner positiven Lebenshaltung,
... an deiner freiwilligen Verpflichtung zur Reinheit,
... an deiner Sprache,
... an deiner Arbeitseinstellung,
... an deiner Gemeindeverbundenheit,
... an deiner Freundlichkeit.

Bitte Gott um Kraft, deinen „Wandel zu wandeln“, dann wirst du auch deine „Rede reden“ können.

Bete für Ungläubige

Errettung ist die Arbeit Gottes – das Zeugnis ist deine Arbeit, genauso auch das Gebet! Du und ich, wir müssen Brücken bauen – und gleichzeitig beten, dass Gott diese Brücken benutzt. Darum:

1. *Bete für einzelne Menschen* – für die Mitglieder deiner Familie, für ungläubige Verwandte und Angehörige, für deine Klassenkameraden und Freunde.
2. *Bete um „offene Türen“* (wie Paulus in Kolosser 4,3) – damit dein Zeugnis gehört wird.
3. *Bete um Weisheit* – damit du weißt, was und wie du es sagen sollst (siehe Kolosser 4,5-6).
4. *Bete um die Überwindung deiner Ängste* – damit du das Evangelium mit großer Freude weitergeben kannst (siehe Epheser 6,19).

5. *Bete treu* – für Menschen, die Christus nicht kennen.

Wenn du diese „Gebetsliste“ anschaust, dann denk an Georg Müller – den „Waisenvater von Bristol“. Er lebte vor mehr als 100 Jahren in England und unterhielt ein Waisenhaus, in dem Hunderte von Kindern Obhut fanden. Dieser Mann hatte fünf ungläubige Freunde und beschloss für ihre Errettung zu beten. Erst nach fünf Jahren kam der erste seiner Freunde zum Glauben. Nach weiteren fünf Jahren kamen zwei andere Freunde zum Glauben. Das waren schon zehn Jahre, doch Georg Müller gab nicht auf und betete noch 15 Jahre (also insgesamt schon 25 Jahre) für die anderen beiden Freunde, bis einer von ihnen zum Glauben kam. Bis zu seinem Tod betete er für den fünften Freund, dessen Bekehrung er nicht mehr erlebte. Er bekehrte sich nämlich einige Monate nach Georg Müllers Tod.

Und die Moral von der Geschichte? Gib niemals auf! Höre nicht auf, für die Errettung eines Menschen zu beten.

Achte auf die Interessen und Hobbies der anderen

Brücken baut man am besten, indem man die Interessen der Menschen kennen lernt, die man als Freunde gewinnen möchte. Bist du bereit, dich auf etwas Neues einzulassen, um eine Brücke zu bauen? Vielleicht eine neue Sportart auszuprobieren?

Bringe die Bibel ins Gespräch

Es gab wohl noch nie eine Zeit, in der man so gut mit anderen über die Fragen der Zukunft und Gegenwart diskutieren konnte! Lies irgendeine Zeitung, höre irgendeinen Nachrichtensender – jeden Tag lesen und hören wir von Dingen, die Fragen aufwerfen. Gott hat Antworten auf diese Fragen! Suche nach Gelegenheiten, darüber zu reden, was die Bibel über das Geschehen in dieser Welt zu sagen hat. Zeige den anderen, wie die Bibel mit aktuellen Ereignissen in Verbindung steht.

Zeige aufrichtiges Interesse an anderen

Die menschliche Natur ist sehr stark von Egoismus gekennzeichnet – nicht wahr? Die Menschen kümmern sich um sich selbst und haben kein Auge für den anderen. Darum zeige du aufrichtiges Interesse an anderen Menschen. Merke dir ihre Namen. Achte darauf, welche Stars oder Fußballmannschaft deine ungläubigen Freunde am liebsten mögen, höre auf ihre Sorgen und Interessen. Stehe dir nicht selbst im Weg, sondern zeige deinen Freunden, dass sie dir wichtig sind. Dann werden sie anfangen, in dir einen Freund zu sehen – und das Christsein als etwas Begehrenswertes zu betrachten.

Triff Nicht-Christen in der Mitte

Was meine ich mit „in der Mitte treffen"? In der Kirche und in deiner Jugendgruppe wirst du kaum Ungläubige treffen. Sicher werden zwischendurch Besucher hineinschauen, die einfach mal so hineinkommen oder von Bekannten eingeladen werden. Doch in der Regel sind die Ungläubigen „draußen" - in deiner Nachbarschaft, in der Schule, auf dem Schulhof oder auf dem Fußballplatz. Darum – triff sie in der Mitte, also dort, wo sowohl du bist als auch die Ungläubigen sind.

Lade Ungläubige zu deinen Freizeitaktivitäten ein

An den Hobbies deiner Freunde Interesse zu zeigen ist die eine Seite – auf der anderen Seite kannst du sie auch dazu einladen, mit dir zusammen etwas zu unternehmen, was du gerne machst. Spielst du gerne Fußball und kannst sie zu einem Spiel einladen? Oder spielst du Schach?

Wenn andere Jungen dich „ganz persönlich" erleben – während eines Mannschaftsspiels oder bei einem Hobby – werden sie mehr davon sehen, wer du wirklich bist – nicht nur als Person, sondern auch als Christ.

„Rechenschaft über die Hoffnung in dir" geben

Kurz nachdem ich begann, am Talbot-Seminar in South-Carolina zu unterrichten, wurde ich gebeten, an einem Seminar über das Studentenleben in Chicago teilzunehmen. Während ich dort einem „Gelehrten" zuhörte, der an einer berühmten Universität einen theologischen Grad erworben hatte, dauerte es nicht lange, bis ich merkte, dass er keinen blassen Schimmer davon hatte, was eine persönliche Beziehung zu Jesus Christus ist.

In der Mittagspause saß ich neben diesem „Doktor" und begann ein Gespräch über das Heil, über das Evangelium und über die Tatsache, dass Nicht-Christen zu einer Ewigkeit ohne Gott verdammt werden. Ich werde nie vergessen, wie dieser Theologieprofessor reagierte: „Nun, was ist dann mit all den Heiden in Afrika?"

Seine Gegenfrage war etwas, was die meisten Christen befürchten, wenn es darum geht, ihren Glauben zu bezeugen. Sie denken: „Was ist, wenn jemand eine Frage stellt, die ich nicht beantworten kann?" Nun, die

Wahrscheinlichkeit, dass eine solche Frage gestellt wird, ist nicht sehr hoch. Es gibt eigentlich nur sieben Hauptfragen, die von Nicht-Christen gestellt werden, wenn sie mit dem Evangelium konfrontiert werden. Und – es ist kaum zu glauben – dieser hochgebildete Mann stellte die Frage Nummer eins auf dieser Liste!

Nun, wie steht es mit dir? Hast du auch Angst vor Fragen, die auftreten könnten, nachdem du eine Brücke zu dem Herzen eines Freundes gebaut hast? Du brauchst da gar keine Angst zu haben. Fragen sind eine gute Sache. Hoffentlich werden Fragen kommen! Du solltest sie jedenfalls begrüßen, denn Fragen sind ein gutes Zeichen: Wer Fragen stellt, möchte mehr hören – und vielleicht arbeitet Gott ja schon an seinem Herzen!

Christus zu bezeugen ist keine Einbahnstraße. Andere Menschen für Christus zu erreichen ist kein Monolog, es ist ein Dialog. Evangelisieren heißt daher auch, Menschen zuzuhören, ihre Ängste und Fragen zu verstehen, und zu versuchen biblische Antworten zu geben.

Als Christen sollten wir uns bemühen, die tiefen Fragen unserer Mitmenschen herauszufinden und dann in der Bibel nach Antworten zu suchen. Wie ich schon sagte, gibt es nur sieben Hauptfragen, die immer wieder von Ungläubigen gestellt werden. Ich habe sie unten aufgelistet. Hinter jeder Frage stehen einige Bibelstellen, die dir dabei helfen können, eine biblisch fundierte Antwort zu finden. Mein Wunsch und Gebet ist, dass du bereits eine so gute Beziehung zu deinem ungläubigen Freund aufgebaut hast, dass er sich frei genug fühlt, dir eine – oder alle – dieser Fragen zu stellen.

Sieben Hauptfragen zum Evangelium

1. Was ist mit den Menschen, die das Evangelium nie gehört haben? (Antwort: Psalm 19,2; Römer 1,18-20)
2. Ist Christus der einzige Weg zu Gott? (Antwort: Johannes 14,6)
3. Warum leiden unschuldige Menschen? (Antwort: Römer 5,12)
4. Wie können Wunder geschehen? (Antwort: Johannes 1,1.14; 3,2)
5. Ist die Bibel nicht voller Fehler? (Antwort: 2. Timotheus 3,16; Hebräer 1,1-2; 2. Petrus 1,20-21)
6. Ist die christliche Erfahrung nicht rein psychologisch erklärbar? (Antwort: Apostelgeschichte 9 – die Bekehrung von Paulus; Römer 5,8-10)
7. Komme ich nicht in den Himmel, wenn ich ein moralisch gutes Leben führe? (Antwort: Galater 2,16; Titus 3,5; Jakobus 2,10)

Verwandle dein Leben in ein extremes Abenteuer

Erst vor kurzem sprachen wir darüber, worauf du bei der Wahl deiner Freunde achten solltest – es sollten glaubensstarke Christen sein, die dich „nach oben" ziehen. Wahrscheinlich wunderst du dich jetzt, dass wir vom „Brücken bauen" und von Freundschaften mit Ungläubigen reden. Nun, wenn wir von evangelistischen Freundschaften sprechen, reden wir nicht davon, dass wir in der Menge der Ungläubigen völlig aufgehen und ihnen so ähnlich werden, dass man uns weder äußerlich noch innerlich von ihnen unterscheiden kann! Wir reden von der Art der Freundschaft, wie sie sich im Klassenraum, auf dem Schulhof oder im Sportverein entwickelt. Du wirst mit manchen Nicht-Christen gleiche Interessen und gemeinsame irdische Ziele haben, aber natürlich werden sie nicht deine geistlichen Ziele teilen.

Aber hast du nicht den Wunsch, dass sie die Freude kennen lernen, die das Christsein mit sich bringt? Ist dir ihre Errettung die Mühe wert, Brücken zu bauen und freundschaftliche Beziehungen zu Ungläubigen zu knüpfen – sodass sich dir die Gelegenheit bietet, *„Rechenschaft zu geben über die Hoffnung, die in dir ist"* (siehe 1. Petrus 3,15). Die Herausforderung ist groß – es geht um ein extremes Abenteuer. Aber auch die Belohnung ist groß – es geht um das ewige Leben derer, die durch dein Zeugnis – sowohl durch das Zeugnis deines Lebens als auch durch dein mündliches Zeugnis - zu Christus kommen. Zeige deinen Mitmenschen, dass sie (und ihre Zukunft) dir wirklich wichtig sind. Überlasse deine Ängste dem Herrn: *„fürchtet euch nicht vor dem Volk dieses Landes [...] mit uns aber ist der HERR; fürchtet euch nicht vor ihnen!"* (4. Mose 14,9)

Schwere Entscheidungen für heute

Fülle diese Gliederung aus, um dein persönliches Zeugnis zu erstellen. Schreibe jeweils drei oder vier Sätze auf.

Teil eins – Wie war mein Leben vor der Begegnung mit Jesus Christus?

Denke einmal zurück. Welche Umstände haben dich dazu bewogen, Jesus Christus als deinen Herrn und Retter anzunehmen?

Ich habe keinen Sinn im Leben gefunden und steckte in einem Loch der Sünde und hatte Angst was ich tuen sollte

Teil zwei – Wie bin ich Jesus Christus begegnet?

Beschreibe, wie das geschah, vielleicht auch, wer dir dabei geholfen hat und wie.

Als ich als erstes ~~Zu~~ Gott begegnete war als ich in seinem Wort studierte. Ich las die Heilsbotschaft und bekannte meine Sünden Christus dem Retter, der für mich und dich am Kreuz gestorben ist.

Teil drei – Wie hat sich mein Leben seit der Begegnung mit Jesus Christus entwickelt?

Welche Veränderungen oder Unterschiede hast du – und hoffentlich auch andere – in deinem Leben gesehen, seitdem du ein Christ bist?

- Ich sah einen Sinn in meinem Leben und wollte Gott mit meinem Leben dienen und verherrlichen
- Ich wollte mein Leben komplett Gott weihen und ein Leben nach Gottes Willen leben

Die Messerklinge

„Strebe eifrig danach, dich Gott als bewährt zu erweisen, als einen Arbeiter, der [...] das Wort der Wahrheit recht teilt." (2. Timotheus 2,15)

Lies Markus 5,1-20. Benutze dieselbe Einteilung wie für dein Zeugnis, um das Zeugnis der Hauptfigur in diesem Abschnitt niederzuschreiben:

Teil eins – Wie war sein Leben vor der Begegnung mit Jesus Christus?

- Er lebte in Schmerzen & Unruhe

Teil zwei – Wie begegnete er Jesus Christus?

- Er warf sich vor Jesus nieder
- später bat er den Dämonen auszufahren

Teil drei – Wie änderte sich sein Leben nach der Begegnung mit Jesus Christus?

- Er verkündete sein Zeugnis im Gebiet der Zehn Städte und in seinem Haus.

Lies Markus 7,31-8,9. Was waren die offensichtlichen Folgen, die das Zeugnis dieses Mannes bewirkte?

- Es wurde überall bekannt
- Großes Erstaunen
- Sie versammelten sich um Jesus zu hören

Bitte Gott...

... um eine Gelegenheit, noch in dieser Woche jemandem dein Zeugnis zu erzählen.

... dich zu ermutigen, „zu den Deinen zu gehen und ihnen zu erzählen, wie viel der Herr an dir getan hat“ (siehe Markus 5,19). Erzähle den Menschen, die dir am nächsten stehen, was Jesus für dich getan hat.

Teil 3: Der Kampf um das Gold

Kapitel 12

Die Jagd nach dem Kampfpreis

„Brüder, ich halte mich selbst nicht dafür, dass ich es ergriffen habe; eines aber tue ich: Ich vergesse, was dahinten ist, und strecke mich aus nach dem, was vor mir liegt, und jage auf das Ziel zu, den Kampfpreis der himmlischen Berufung Gottes in Christus Jesus." (Philipper 3,13-14)

Alle vier Jahre scheint die ganze Welt an Sport zu denken – zumindest seitdem im Jahre 1896 die Olympischen Spiele wieder eingeführt worden sind. Die besten Sportler des Landes werden ausgesandt, um ihre Höchstleistungen unter Beweis zu stellen und ihrem Heimatland damit Ehre zu machen.

Olympia – das ist mehr als nur „Dabeisein". Wer meint, „Dabeisein sei alles", der hat bei diesem großen Abenteuer nichts zu suchen. Nur wer hart trainiert hat, um sich für diese Spiele zu qualifizieren, darf auf die Goldmedaille hoffen – wer nicht trainiert hat, darf an diesen Wettkämpfen gar nicht erst teilnehmen! Ein heutiger Sportler, der bei den Olympischen Spielen mitmachen will, trainiert 12 bis 16 Stunden pro Tag, sechs Tage die Woche – und das über Jahre hinweg! Jahrelanges Training für ein blitzschnelles Rennen...

Im antiken Griechenland trainierten die Sportler zehn Monate lang für diesen großen Tag. Disziplin in allen Dingen war das Wichtigste. Man konnte nicht einen Tag ausruhen. Sonst würde ein Rivale die Führung übernehmen. – Und weißt du was? Bei den Griechen gab es keine Bronze und auch kein Silber! Es gab nur Gold. Es gab nur einen Sieger – und dieser wurde mit Ruhm, Ehre und Reichtum überschüttet. Wer als Sieger hervorging, hatte ausgesorgt, denn er brauchte sein Leben lang nicht mehr zu arbeiten!

Verstehst du jetzt, warum Paulus in 1. Korinther 9,24 schreibt: *„Wisst ihr nicht, dass die, welche in der Rennbahn laufen, zwar alle laufen, aber nur einer den Preis erlangt? Lauft so, dass ihr ihn erlangt!"*

Den Preis bezahlen

Die Kandidaten der griechischen Wettkämpfe beklagten sich nicht Tag für Tag, was für ein schweres Los sie doch gezogen hätten. Sie hatten sich schließlich selbst für die Teilnahme an den Wettkämpfen entschlossen. Sie sprachen von dem Preis, den sie gewinnen wollten. Sie sprachen von gewissen Vorteilen, die sie sich durch den Sieg verschaffen würden. – Und darum waren sie auch bereit, den hohen Preis dafür zu bezahlen.

Weißt du, woran ich denken muss, wenn ich von den Olympischen Spielen und von diesen disziplinierten Sportlern höre? Ich kann nicht anders, als mich selbst zu fragen, ob ich mich mit der gleichen Hingabe nach meinem geistlichen Ziel ausstrecke, nach dem „Kampfpreis der himmlischen Berufung in Christus Jesus". Gebe ich wirklich mein Äußerstes für sein Höchstes? Tue ich alles, um das „Gold" zu gewinnen – das ewige Gold! Habe ich in meinem geistlichen Leben die gleiche Zielstrebigkeit wie die Olympischen Sportler? Bin ich treu in meinen Aufgaben, führe ich sie gewissenhaft aus? Habe ich den Willen und das Verlangen, nach dem Kampfpreis zu jagen und ihn – hoffentlich – zu gewinnen?

Und wie steht es mit dir? Denkst du noch: „Dabeisein ist alles", oder kämpfst du auch schon um das „Gold"? Ich meine nicht Olympisches Gold, sondern eine ganz andere Art Gold. Dieses Gold ist das Beste, was du aus deinem Leben machen kannst – deine Bestleistung in jeder Arbeit, die du tust (selbst bei den Hausaufgaben), in jeder Gemeindeaktivität oder wo auch immer. Dieses Gold ist ein Leben, das dem Herrn Jesus gefällt. „Jagst" du danach?

Genau darüber wollen wir in diesem Kapitel reden – was kostet es dich, schon heute ein Mann nach dem Herzen Gottes zu werden... und gibt dir den Schwung, auch morgen ein Mann Gottes zu sein? Schaue dir die Prinzipien an, die andere auf ihrer Jagd nach dem Gold befolgt haben. Sie werden auch dir helfen.

Prinzip 1: Sei eifrig

Der Apostel Paulus war ein erstaunlicher Mensch mit vorbildlichem Eifer. Obwohl er ganz in seinem Dienst aufging, nahm er sich Zeit, viele junge Männer auszubilden. Einer von ihnen war Timotheus. Das erste Mal treffen wir ihn in Apostelgeschichte 16,1, wo er als junger Mann seinen Dienst an der Seite des Apostels antritt. Dann sehen wir ihn 15 Jahre später als den Pastor der Gemeinde zu Ephesus.

Als Paulus an Timotheus einen Brief schrieb, um ihn auf seine pastoralen Pflichten hinzuweisen, sagte er:

„Strebe eifrig danach, dich Gott als bewährt zu erweisen, als einen Arbeiter, der sich nicht zu schämen braucht..." (2. Timotheus 2,15). Mit anderen Worten gesagt: Timotheus sollte alles daran setzen, – jede Anstrengung vornehmen – um seine Bestleistung zu vollbringen. Warum? Dann würde er sich nicht zu schämen brauchen. Nicht nur vor Paulus, seinem Trainer, sondern vor Gott, dem er diente.

Timotheus sollte eifrig sein in dem Dienst, zu dem er berufen war – im Predigen und im Lehren – um sich vor dem Herrn nicht schämen zu müssen. Nun, mein lieber Freund, Gott erwartet auch von dir und von mir, dass wir denselben Eifer im Herzen haben, stets unser Bestes zu geben.

Prinzip 2: Gib dein Bestes

Im Laufe der Zeit hat mich mein Dienst schon 15 Mal nach Indien geführt. Indien ist ein faszinierendes Land mit über einer Milliarde Menschen, die Christus brauchen. Weil ich sehr großes Interesse an diesem Land habe, möchte ich jetzt die Geschichte von einem indischen Jungen erzählen, die uns zeigt, was es bedeutet, für Gott das Beste zu tun. Diese Geschichte erzählte einst ein Missionar.

Ein Armee-Offizier ließ sich von einem armen Jungen auf der Straße die Schuhe putzen. Der Junge stürzte sich mit einem solchen Eifer in seine Arbeit, dass der Offizier aus dem Staunen nicht heraus kam.

Gewöhnlich putzten die Jungen die Schuhe nur kurz und oberflächlich und streckten schon nach kurzer Zeit die Hand aus, um den Lohn zu kassieren. Dieser Junge aber wischte und polierte, bis die Schuhe im Hochglanz erstrahlten.

Der Offizier fragte: „Warum verbringst du soviel Zeit mit meinen Schuhen?"

„Nun, Sir", war die Antwort, „letzte Woche kam Jesus in mein Herz und jetzt gehöre ich ihm. Seitdem denke ich immer, wenn ich jemandem die Schuhe putze, es seien seine Schuhe. Darum putze ich sie so gut wie ich nur kann. Ich möchte ihm gefallen!"

Dieser Junge demonstrierte das Verlangen, das Beste für den Herrn zu tun. (Übrigens tat er genau das, wozu Paulus uns in Kolosser 3,23 auffordert.) Bist du zur Verherrlichung Gottes bereit, Schuhe bis zum Hochglanz zu polieren? Oder den Müll herauszubringen, dein Zimmer aufzuräumen, um dem zu gefallen, der für dich gestorben ist? Denke daran, was Christus für dich getan hat! Wie könnten wir für ihn weniger als unser Bestes geben?

- Wir ehren Gott, wenn wir unser Bestes tun.
- Wir repräsentieren den Herrn, darum geben wir unser Bestes.
- Wir dienen dem Herrn und nicht den Menschen, darum tun wir unser Bestes.
- Während wir unser Bestes geben, werden wir Christus ähnlicher.
- Wenn wir unser Bestes geben, erfüllen wir Gottes Absicht für uns.

Prinzip 3: Sei ein Diener

Acht Jahre lang arbeitete ich als Kaufmann im pharmazeutischen Bereich. Während dieser Zeit nahm ich an einem Management-Training in den „oberen Etagen“ des Unternehmens teil. Dieses Training lief oft so ab, dass wir – angehende Manager – in bestimmte Problemsituationen hineingestellt wurden mit dem Auftrag, diese zu lösen. Du kannst dir vielleicht vorstellen, wie jeder von uns versuchte, das Problem zu lösen. Wir wollten den Chefs zeigen, dass aus uns Supermanager werden könnten!

Dieses Training war für uns harte Arbeit – aber es war notwendig. Jeder Mensch muss lernen, mit anderen zusammen an Lösungen von Problemen zu arbeiten. Jeder von uns muss lernen, Verantwortung zu übernehmen und Rechenschaft zu geben, wenn etwas schief gelaufen ist. Doch wir Christen sollten noch einen Schritt weitergehen: Wir sollten nicht nur danach streben, unsere Aufgaben exzellent auszuführen, sondern wir sollten anstreben, anderen zu dienen. Verantwortung zu übernehmen und zugleich Diener zu sein, klingt für manche zwar widersprüchlich, aber das ist es nicht! Als Christen sollten wir alles, was wir im Leben tun, als Dienst betrachten. Wir müssen die Haltung eines Dieners einnehmen – sei es bei der Arbeit zu Hause, in der Schule, im Umgang mit Freunden oder Lehrern und auch später, wenn wir in die Arbeitswelt einsteigen. Der Herr Jesus möchte uns überall als seine Diener einsetzen und leiten.

Das Vorbild Jesu anschauen

Der Herr Jesus selbst hat uns vorgemacht, welche Art Diener du und ich – und alle Männer nach Gottes Herzen – sein sollen. Etwa eine Woche vor seinem Tod fragten zwei seiner Jünger, Jakobus und Johannes, ob sie die höchsten Ministerposten in seinem Königreich bekleiden dürften. Hör mal, wie Jesus ihnen antwortete:

„Aber Jesus rief sie zu sich und sprach: Ihr wisst, dass die Fürsten der Völker sie unterdrücken und dass die Großen Gewalt über sie ausüben. Unter euch aber soll es nicht so sein; sondern wer unter euch groß werden will, der sei euer Diener, und wer unter euch der Erste sein will, der sei euer Knecht, gleichwie der Sohn des Menschen nicht gekommen ist, um sich dienen zu lassen, sondern um zu dienen und sein Leben zu geben als Lösegeld für viele." (Matthäus 20,25-28)

Willst du „groß" sein im Reich Gottes? Nun, wahre Größe liegt nicht im Befehlen, sondern im Dienen. Jesus ist der größte Führer aller Zeiten – und doch ist er der bescheidenste und demütigste Diener.

Dem Vorbild Jesu folgen

Wie macht man das? Indem man den Menschen um sich herum dient. Das ist ein wichtiges Kennzeichen eines Mannes nach dem Herzen Gottes. Um ein Diener zu werden, musst du die Haltung eines Dieners entwickeln.

Die Haltung eines Dieners einzunehmen, bedeutet...

... leben, um andere zu fördern und ihnen weiterzuhelfen,

... leben, um andere zu loben,

... leben, um andere zu ermutigen,

... leben, um die Sorgen der anderen zu hören, statt sie mit eigenen Sorgen zu belasten,

... leben, um zu geben, nicht um zu nehmen.

Lieber Freund, es ist deine Wahl, welche Lebenshaltung du einnimmst! Du kannst die Haltung des Nehmens einnehmen – indem du stets von anderen nimmst, was du für dein eigenes Wohlergehen brauchst. Mit dieser Haltung betrachtest du deine Mitmenschen – deine Eltern, Lehrer, Freunde – als deine Diener.

Oder du nimmst die gegensätzliche Haltung ein – indem du fragst: „Was kann ich in diese Beziehung einbringen?" Diese bessere Haltung – die Haltung eines Dieners – versucht, anderen Menschen zu helfen und ihr Leben schöner zu machen. Zum Gelingen des Lebens der anderen beizutragen, ist die Aufgabe eines Dieners.

Prinzip 4: Sei ein Lernender

Erinnerst du dich noch an die Grabinschrift des Gelehrten aus Kapitel 1? „Er starb beim Lernen." Nun, mein Freund, das sollte auch unser Motto sein – du und ich, wir sollten bis zu unserem Tod Lernende bleiben. Leider drehen viele junge Männer dieses Motto um, sie sagen: „Lieber will ich sterben als lernen!" Sie hassen jede Art von Schule und können es nicht abwarten, das „echte Leben" zu beginnen. Sie geben sich nur soviel Mühe, wie gerade notwendig ist, um durch die Schulzeit zu kommen. Nun, wenn sie morgen aufwachen, werden sie merken, dass sie nur ganz kleine Chancen haben, im „echten Leben" vorwärtszukommen, wenn sie nicht ihr Leben lang bereit sind zu lernen.

Nun kennst du vielleicht einige sehr erfolgreiche Männer, die eine hohe Stellung erreicht haben, obwohl sie nur eine sehr schlechte Bildung hatten. Doch wenn du diese Männer betrachtest, wirst du merken, dass sie alle nie aufgehört haben zu lernen – vielleicht nicht in einer Schule, aber lernen tun sie alle – und das ist das Geheimnis ihres Erfolges. Und genau das meine ich, wenn ich sage, wir müssen Lernende sein. Das Lernen ist nicht auf die Schule begrenzt. Nein, Lernen ist eine ständige Weiterentwicklung. Ich sehe das Lernen so:

Lernen ist ein Zustand des Denkens, eine Haltung.
Lernen ist Fortschritt – es baut aufeinander auf.
Lernen ist nicht von deinem IQ abhängig.
Lernen ist nicht bestimmten Nationalitäten vorbehalten.
Lernen ist nicht an ein Klassenzimmer gebunden.
Lernen wird nicht immer mit einem Abschluss gekrönt.
Lernen braucht keine Auszeichnung oder Bewertung.
Lernen wird in der Bibel befohlen (siehe 2. Petrus 3,18).
Lernen ist ein Lebensstil für den Mann nach dem Herzen Gottes.

Hier habe ich einige einfache Vorschläge aufgeschrieben, wie man ein Leben lang lernen kann:

Lerne lesen

Die meisten Männer lesen sehr wenig – wenn überhaupt! Statistiken behaupten, dass nur etwa 5% aller christlichen Bücher von Männern gekauft werden. Bruder, wenn das auf uns zutrifft, machen wir etwas verkehrt. Lesen ist das Fenster zum Lernen. Durch das Lesen öffnet sich dir der Zugang zu der ganzen Welt, zum Wissen und zu den Erfahrungen vieler Menschen. Lesen sollte daher unsere Leidenschaft sein!

Als die Brüder in meiner Gemeinde anfingen, mir dabei zu helfen, ein Mann nach dem Herzen Gottes zu werden, ist mir aufgefallen, dass sie alle viel lesen. Da ich im Glauben wachsen und ihren Fußstapfen folgen wollte, fragte ich sie, welche Bücher sie mir empfehlen würden. Dasselbe kannst auch du tun. Frage deinen Jungschar-

oder Jugendleiter, ob er dir nicht einige Bücher empfehlen kann, die gut für dich wären.

Vergiss dabei nicht – dein erstes Buch ist die Bibel! Lies sie immer wieder von vorne bis hinten durch, dein Leben lang. Als Hilfe dazu findest du im Anhang einen Bibelleseplan.

Lerne Fragen zu stellen

Es gibt keinen Menschen, von dem du nicht etwas lernen könntest. Darum betrachte jeden Menschen als deinen Lehrer. In irgendeiner Sache ist dieser Mensch ein Experte. Finde heraus, welche Sache es ist und lerne von ihm. Bemühe dich, solche Fragen zu stellen, die dir helfen, dein Wissen zu erweitern.

Lerne aus der Erfahrung anderer

Wer nur aus eigener Erfahrung etwas lernt, lernt auch nur aus eigenen Fehlern – und muss darum mehr Fehler machen als jemand, der aus der Erfahrung und aus den Fehlern der anderen lernt.

Darum noch einmal: Stelle Fragen und bemühe dich, aus den Erfahrungen anderer Menschen zu lernen, wenn sie bereit sind, dir ihre Erfahrungen mitzuteilen. Durch Biografien kannst du sogar aus Erfahrungen von Menschen lernen, die schon längst verstorben sind. Du kannst aus ihren Erfolgen lernen – aber auch aus ihrem Versagen.

Und vergiss nicht, – ich sage es noch einmal – dass die Bibel auch hier das beste Buch ist. Denke daran, wie viel wir aus der Bibel bereits gelernt haben – allein schon aus den Erfolgen und den Fehlern Davids! Die Bibel sollte dein wichtigstes Lesebuch im Leben und im Lernen sein.

Ich bete für dich, dass du nie aufhörst zu lernen! Und um das zu verwirklichen, solltest du jeden Tag etwas lernen. Darum frage dich selbst täglich:

„Was kann ich heute Neues lernen?“
„Von wem kann ich heute etwas lernen?“
„Wie kann ich heute in irgendeinem Bereich meines Lebens weiterkommen?“

Verwandle dein Leben in ein extremes Abenteuer

Bist du dir im Klaren darüber, wie wichtig das Heute für dein weiteres Leben ist? Die Gewohnheiten und die Disziplin, die du dir heute – und in den nächsten Jahren – aneignest, legen das Fundament für den Rest deines Lebens. Wie kannst du dein Leben in ein extremes Abenteuer verwandeln? Du kannst dich heute – und jeden Tag – dafür entscheiden, das Abenteuer zu beginnen, in volle Fahrt zu kommen, dich nach dem Siegespreis auszustrecken.... oder aber die entscheidenden Jahre deines Lebens einfach zu vergeuden.

„Das Heute zählt“ – lautet der Titel eines Bestsellers. Ich hoffe, dass du das glaubst! Unter diesem Titel verstehe ich Folgendes:

- *Richtige Entscheidungen von heute eröffnen dir größere Möglichkeiten für das Morgen.*
- *Gute Gewohnheiten von heute geben dir morgen bessere Disziplin.*
- *Die richtige Einstellung heute gibt dir morgen noch größeres*

Verlangen, für den Siegespreis zu kämpfen.

Es gäbe natürlich noch mehr – viel mehr! – darüber zu sagen, wie man „dem Siegespreis nachjagt". Doch ich möchte es zunächst dabei belassen, dich mit einigen Aussagen über das „Gewinner werden" allein zu lassen.

Ein Gewinner

Ein Gewinner respektiert Menschen, die weiter sind als er und versucht, von ihnen etwas zu lernen. Ein Verlierer nimmt es übel, wenn andere besser sind als er und relativiert ihre Erfolge.

- *Ein Gewinner erklärt; ein Verlierer redet sich heraus.*
- *Ein Gewinner sagt: „Lass uns eine Lösung finden"; der Verlierer sagt: „Es gibt keine Lösung."*
- *Ein Gewinner geht durch Probleme hindurch; ein Verlierer geht ihnen aus dem Weg.*
- *Ein Gewinner sagt: „Man könnte das noch besser machen"; ein Verlierer sagt: „Das wurde schon immer so gemacht."*
- *Ein Gewinner zeigt, dass ihm etwas Leid tut, indem er es wieder gutmacht; ein Verlierer sagt „Tut mir Leid" und macht nächstes Mal dasselbe.*
- *Ein Gewinner weiß, wo er kämpfen und wo er Kompromisse schließen muss; ein Verlierer schließt Kompromisse, wo er nicht soll und kämpft da, wo es die Sache nicht wert ist.*
- *Ein Gewinner arbeitet härter als ein Verlierer und hat mehr Zeit als ein Verlierer; ein Verlierer ist ständig „zu beschäftigt", um das Notwendige zu tun.*
- *Ein Gewinner fürchtet sich nicht zu verlieren; ein Verlierer hat heimliche Angst vor dem Gewinnen.*
- *Ein Gewinner geht Verpflichtungen ein; ein Verlierer macht Versprechungen.*

Schwere Entscheidungen für heute

Lies noch einmal die Geschichte von dem jungen Schuhputzer. Was könntest du heute besonders gut und gründlich machen?

- Mein Bestes geben
  ↳ und zwar für Gottes Ehre
- Meinem Nächsten dienen

Schreibe alle Tätigkeiten der letzten 24 Stunden auf, die du als einen Dienst getan hast. Was zeigen sie über deine Haltung zum Dienst? Was könntest du heute tun, um im Dienen zu wachsen?

- Den Anderen höher achten
- Motivation: ich tue es für Gott

Was wird man wohl auf deinen Grabstein schreiben? Wird man auch sagen: „Er starb als ein Lernender"? Oder wird es heißen:

Hier liegt

Luca Leon Zimmermann
(dein Name)

Er hörte auf zu lernen
im Alter von 14 Jahren.
(dein Alter)

Viele Jahre später
starb er in Unwissenheit.

Nach alledem, was du über Eifer, Dienerschaft und das Lernen gelernt hast, wünsche ich dir eine Grabinschrift, die bezeugt, dass du zur Ehre Gottes gelebt hast. Vielleicht könnte diese so lauten:

Luca Leon Zimmermann
(dein Name)
starb als ein Lernender ...
zur Ehre Gottes!

Schreibe zwei oder drei Dinge auf, die du noch heute tun kannst, damit man das über dein Leben sagen kann.

– Ich lasse den Anderen den Vorrang und tue es von Herzen für Gott.

Die Messerklinge

„Strebe eifrig danach, dich Gott als bewährt zu erweisen, als einen Arbeiter, der [...] das Wort der Wahrheit recht teilt.“ (2. Timotheus 2,15)

Lies 1. Mose 39,1-6. Beschreibe die Situation Josefs und wie Potifar seinen Fleiß, Dienst und seine Sorgfalt belohnte.

– Potifar setzte ihn über alles, sodass er sich um nichts kümmerte.

Lies 1. Mose 39,20-23. Beschreibe die neue Situation Josefs. Wie belohnte der Gefängniswärter seinen Fleiß, Dienst und seine Sorgfalt?

– Der Wärter gab alles in die Hand Josefs und kümmerte sich um nichts.

Welche Verse zeigen dir die Verbindung zwischen dem Segen Gottes und der Sorgfalt Josefs?

V21: Aber der Herr war mit Joseph und verschaffte ihm Gunst...

Was kannst du aus diesen zwei Episoden aus dem Leben Josefs für deine Situation und für deine Pflichten lernen?

- Man soll sich auf mich vertrauen können
- Ich soll meine Arbeit gewissenhaft tuen

Was sagt die Bibelstelle Prediger 9,10 zu diesem Thema?

- Alles was du tust, sollst du von Herzen und „mit ganzer Kraft" tuen.

Was sagt Kolosser 3,23 dazu?

- „Tut von Herzen"
- „Für den Herrn"

Kapitel 13

Gottes Ziel verfolgen

„Denn David ist entschlafen, nachdem er seinem Geschlecht nach dem Willen Gottes gedient hat..." (Apostelgeschichte 13,36)

Erinnerst du dich noch an den Anfang unseres Weges? Wir nahmen uns vor, einen Berg zu erklimmen, um eine ultimative Aussicht zu genießen – um einen Überblick darüber zu bekommen, was es bedeutet, ein Mann nach dem Herzen Gottes zu sein. Wir haben unser Ziel nun erreicht. Ich freue mich, dass du durchgehalten hast – herzlichen Glückwunsch! Ich hoffe, es hat dir Freude gemacht (mir auf jeden Fall!). Und ich hoffe, es hat dich herausgefordert. Außerdem bin ich mir sicher, dass du begriffen hast, was der Schlüssel zu einem Leben als Mann nach dem Herzen Gottes ist: Gott schaut auf dein Herz – und zwar in allen Lebensbereichen! Das heißt, dass deine Beziehung zu Gott ganz und gar eine Herzenssache ist.

Gottes Ziel erkennen

Wenn man sich nachts in einer unbekannten Gegend verläuft, dann ist es wichtig, dass man gelernt hat, sich zu orientieren. Bei Nacht kann man sich am besten orientieren, wenn man zunächst den Polarstern am Himmel erkennt. Auf unserem Weg durch die Finsternis dieser Welt ist es ebenso wichtig, den Willen Gottes für unser Leben zu erkennen. Wenn man seinen Willen kennt, wird man sich nicht verlaufen, sondern immer auf dem richtigen Weg bleiben. Wenn du weißt, was Gott mit dir vorhat, kannst du dich im Leben sicher bewegen.

„Was ist denn Gottes Ziel für mich?", fragst du vielleicht. Paulus sagt: *„Ob ihr nun esst oder trinkt oder sonst etwas tut – tut alles zur Ehre Gottes!"* (1. Korinther 10,31) Dein Lebensziel wird hier klar definiert – Gott zu ehren!

„Ja, und wie geht das?", fragst du jetzt.

Du ehrst Gott, indem du seine Prioritäten für dein Leben in die Tat umsetzt. Genau darüber haben wir in diesem Buch gesprochen – das Ziel Gottes in deinem Leben umsetzen. Die Prioritäten, über die wir bereits gesprochen haben, bezogen sich auf ...

... deine Familie,
... deine Freunde,
... deine Ausbildung,
... deine Ziele,
... deine Gemeinde,
... deine Reinheit,
... dein Zeugnis,

und dienten dazu, dass du anfängst, das große Ziel Gottes in deinem Leben zu verstehen. Welcher Mann Gottes will das große Ziel Gottes in seinem Leben nicht erfüllen? Oder, anders ausgedrückt – welcher Mann Gottes will es verpassen, an dem großen Abenteuer teilzuhaben, das Gott für ihn geplant hat?

Gottes Ziel verfolgen

Mein Freund, bevor wir uns gleich trennen und jeder von uns auf seinem Weg dem Herrn nachfolgt, möchte ich dich herausfordern (und mich selbst auch), Gottes

Ziel zu verfolgen. Er selbst will dir helfen, dieses Ziel zu verfolgen, darum nimm seine Hilfe in Anspruch:

> Lies deine Bibel – stelle sie an die erste Stelle.
>
> Sei treu und beständig im Gebet.
>
> Finde jemanden, der mit dir eine Jüngerschaftsbeziehung eingeht.
>
> Strecke dich nach dem „Gold" aus und gib dein Bestes! Und schließlich:
>
> Suche den Willen Gottes mit deinem ganzen Herzen und sehne dich danach, seine Prioritäten in die Tat umzusetzen.

Wenn du ein solches Herz entwickelst – ein Herz wie es Gott gefällt – wirst du Einfluss haben auf deine Familie, auf deine Freunde, auf deine Gemeinde... und auf deine Welt! Deine Generation wird nicht bleiben wie sie ist... und du auch nicht!

Gottes Ziel ausleben

Auf dem Weg durch dein Abenteuer wird es dir wie mir ergehen – wie David wirst auch du manchmal darin versagen, gehorsam zu sein, dich nach Gott auszustrecken und für seine Ehre zu leben. Wir alle versagen! Aber vergiss nicht: Du kannst dein Gestern nicht mehr ändern, aber heute kannst du damit anfangen, Davids Fußspuren zu folgen. Wenn du versagst und fällst, kannst du – wie David – Buße tun, aufstehen und Gott weiter nachfolgen.

In allen seinen Fehlern erreichte David immer wieder den Punkt, an dem er zu Gott zurückkehrte und seine Sünde mit großer Traurigkeit bedauerte. Diese bußfertige Haltung und das Verlangen, Gott zu gefallen, machten David zu einem Mann nach dem Herzen Gottes.

Nun kommt die große Frage – willst du deine eigenen Pläne verwirklichen, oder willst du das Ziel Gottes in deinem Leben ausleben? Willst du, dass man auch von dir eines Tages sagen kann: „Er hat nach dem Willen Gottes gedient, er hat zur Ehre Gottes gelebt"?

Welche unglaublichen Möglichkeiten stehen dir offen! Möge die folgende Inschrift nicht über deinem Grab, sondern über deinem Leben stehen:

Luca Leon Zimmermann

(dein Name)

ist ein Mann nach dem Herzen Gottes,
der das Ziel Gottes in seinem Leben verfolgt.

Wie studiert man die Bibel?

Einige praktische Tipps

Eines der edelsten Ziele, die ein Kind Gottes haben kann, ist Gott besser kennen und verstehen zu lernen. Der beste Weg zu diesem Ziel ist, auf das Buch Acht zu geben, dass er geschrieben hat – auf die Bibel, die uns zeigt, wie Gott ist und was er mit uns vorhat. Es gibt viele Arten, die Bibel zu studieren, doch eine der effektivsten und einfachsten Arten des Bibelstudiums besteht in folgenden drei Schritten:

Schritt 1:
Beobachten – Was sagt der Abschnitt?

Schritt 2:
Auslegen – Was bedeutet der Abschnitt?

Schritt 3:
Anwenden – Was soll ich tun, weil ich das aus diesem Abschnitt lernen kann?

Beobachten – Das ist der erste und wichtigste Schritt in diesem Prozess. Wenn du die Bibel liest, musst du sorgfältig darauf achten, was gesagt wird und wie es gesagt wird. Es ist dabei hilfreich, folgende Dinge zu berücksichtigen:

Hauptbegriffe: Achte darauf, welche Worte die wichtigsten sind. Worum geht es im Text?

Struktur: Achte auf die Absätze im Bibeltext. So kannst du zusammenhängende Gedanken besser erkennen.

Wiederholung: Manchmal wird etwas wichtig gemacht, indem es sehr häufig wiederholt wird. Zum Beispiel kommt in 1. Korinther 13 das Wort „Liebe" in 13 Versen neun Mal vor. Die Liebe ist also der zentrale Gedanke dieses Kapitels.

Gedankliche Verbindungen: Achte darauf, wie bestimmte Aussagen zusammenhängen. Zum Beispiel:

Ursache und Wirkung: „Da sagte sein Herr zu ihm: Recht so, du guter und treuer Knecht! Du bist über wenigem treu gewesen, ich will dich über vieles setzen; geh ein zur Freude deines Herrn!" (Matthäus 25,21)

Bedingungssätze (wenn ... dann/so): „Wenn ich den Himmel verschließe, so dass es nicht regnet, oder den Heuschrecken gebiete, das Land abzufressen, oder wenn ich eine Pest unter mein Volk sende, und mein Volk, über dem mein Name ausgerufen worden ist, demütigt sich, und sie beten und suchen mein Angesicht und kehren um von ihren bösen Wegen, so will ich es vom Himmel her hören und ihre Sünden vergeben und ihr Land heilen." (2. Chronik 7,13-14)

Fragen und Antworten: „Wer ist dieser König der Herrlichkeit? Es ist der HERR, der Starke und Mächtige, der HERR, der Held im Streit!" (Psalm 24,8)

Vergleiche und Gegensätze: Zum Beispiel: „Ihr habt gehört, dass zu den Alten gesagt ist: [...]. Ich aber sage euch: [...]." (Matthäus 5,21+22)

Literarische Formen: Die Bibel enthält unterschiedliche literarische Gattungen. Sie enthält Briefe, Geschichtsbücher und Poesie. Wenn du darauf achtest, zu welcher

Literaturgattung der jeweilige Text gehört, wird es dir leichter fallen, ihn richtig zu interpretieren.

Atmosphäre: Der Verfasser des Textes hatte bestimmte Gründe, warum er den Text – sei es das ganze Buch, ein Kapitel oder einen Vers – geschrieben hat. Achte auf den Ton, auf die Stimmung des Verfassers oder auf die Dringlichkeit in dem Text.

Nachdem du diese Dinge bedacht hast, kannst du mit den „W"-Fragen an den Text herangehen, z.B.:

Wer kommt in diesem Text vor?

Was passiert hier?

Wo spielt sich die Handlung ab?

Wann ist das geschehen?

Diese vier „W"-Fragen können dir helfen, die Hauptbegriffe zu entdecken und die Atmosphäre des Textes aufzuspüren. Die Antworten helfen dir, dich in den Text hineinzuversetzen.

Eine der hilfreichsten Fragen – die wir noch nicht erwähnt haben – ist die „Warum"-Frage. Die Frage „Warum" untersucht den Text mehr als jede andere. Wenn du sie stellt, wirst du ganz sicher interessante Beobachtungen machen! Es gibt unzählige „Warum?"-Fragen: Warum sagt diese Person das? Warum schweigt jemand? Warum diese Reihenfolge? Warum wird dies oder das erwähnt?

Auch die Frage nach dem „Wozu?" solltest du nicht vergessen! Die Bibel wurde schließlich nicht geschrieben, um unsere Neugierde zu stillen, sondern um unser Leben zu verändern.

Wenn du den „W"-Fragen nachgehst und dich in das Geschehen hineinversetzt, werden bei dir eigene Fragen auftauchen. Diese zusätzlichen Fragen helfen dir, eine Brücke zu bauen – die Brücke vom Beobachten (erster Schritt) zum Auslegen (zweiter Schritt).

Auslegen – Damit ist gemeint, die Bedeutung eines Textes und den Gedankengang des Verfassers zu entdecken. Wie schon gesagt, beginnt dieser Prozess damit, dass du Antworten auf deine Fragen suchst, während du den Text betrachtest. Fünf Hinweise helfen dir, den Hauptgedanken des Verfassers herauszubekommen:

Kontext: Du wirst 75% deiner Fragen beantworten können, indem du den Text im Zusammenhang (=Kontext) liest! Dazu gehört der nähere Kontext (die Verse davor und danach) wie auch der weitere Kontext (die Absätze oder Kapitel davor und danach).

Querverweise: Lass dir die Bibel von der Bibel erklären. Das bedeutet, dass manche Stellen leichter zu verstehen sind, wenn man sie im Lichte anderer Stellen betrachtet. Dabei musst du aber aufpassen: Auch wenn dasselbe Wort an verschiedenen Stellen vorkommt, bedeutet es nicht immer dasselbe!

Kultur: Die Bibel wurde vor langer Zeit geschrieben. Um sie richtig zu verstehen, müssen wir sie vor dem damaligen Kulturhintergrund her verstehen. Einen Einblick in die Kultur bekommst du durch Bibellexika und ähnliche Bücher.

Rückschlüsse: Nachdem du deine Fragen mittels Kontext, Querverweisen und Kultur beantwortet hast, kannst du versuchen, die ersten Schlüsse zu ziehen.

Denke daran: Wenn der Text aus mehreren Absätzen besteht, könnten mehrere Gedanken darin enthalten sein.

Beratung: Nun könntest du auch mal nachlesen, was andere Leute zu diesem Text sagen. Dazu sind gute Bibelkommentare hilfreich.

Anwenden – Das ist das eigentliche Ziel unseres Bibelstudiums. Wir wollen, dass unser Leben verändert wird; wir wollen Gott gehorsam sein und Jesus Christus ähnlicher werden. Nachdem wir einen Abschnitt betrachtet, interpretiert und so gut wie möglich verstanden haben, müssen wir die gelernte Wahrheit in unserem eigenen Leben anwenden. Stelle dir zur Anwendung des Bibelstudiums folgende Fragen:

- Wie berührt diese Wahrheit meine Beziehung zu Gott?
- Wie berührt diese Wahrheit meine Beziehung zu anderen Menschen?
- Wie berührt diese Wahrheit mich selbst?
- Wie berührt diese Wahrheit meine Haltung gegenüber der Sünde?

Dieser dritte Schritt – die Anwendung – ist aber nicht damit abgeschlossen, dass du die Fragen beantwortest. Es geht vielmehr darum, dass du das in die Tat umsetzt, was du aus dem Wort Gottes gelernt hast. Auch wenn du zum gegebenen Zeitpunkt vielleicht nicht alles in die Tat umsetzen kannst, so kannst du bestimmt wenigstens etwas gleich verwirklichen. Und wenn daran arbeitest, die Wahrheiten Gottes in deinem Leben anzuwenden, wird Gott dich segnen und dich in das Bild Jesu Christi umgestalten.

Bibelleseplan

Januar **1. Mose**

❑ 1 1–3
❑ 2 4–7
❑ 3 8–11
❑ 4 12–15
❑ 5 16–18
❑ 6 19–22
❑ 7 23–27
❑ 8 28–30
❑ 9 31–34
❑ 10 35–38
❑ 11 39–41
❑ 12 42–44
❑ 13 45–47
❑ 14 48–50

2. Mose

❑ 15 1–4
❑ 16 5–7
❑ 17 8–11
❑ 18 12–14
❑ 19 15–18
❑ 20 19–21
❑ 21 22–24
❑ 22 25–28
❑ 23 29–31
❑ 24 32–34
❑ 25 35–37
❑ 26 38–40

3. Mose

❑ 27 1–3
❑ 28 4–6
❑ 29 7–9
❑ 30 10–13
❑ 31 14–16

Februar

❑ 1 17–20
❑ 2 21–23
❑ 3 24–27

4. Mose

❑ 4 1–2
❑ 5 3–4
❑ 6 5–6
❑ 7 7–8
❑ 8 9–10
❑ 9 11–13
❑ 10 14–15
❑ 11 16–17
❑ 12 18–19
❑ 13 20–21
❑ 14 22–23
❑ 15 24–26
❑ 16 27–29
❑ 17 30–32
❑ 18 33–36

5. Mose

❑ 19 1–2
❑ 20 3–4
❑ 21 5–7
❑ 22 8–10
❑ 23 11–13
❑ 24 14–16
❑ 25 17–20
❑ 26 21–23
❑ 27 24–26
❑ 28 27–28

März

- ❑ 1 29–30
- ❑ 2 31–32
- ❑ 3 33–34

Josua

- ❑ 4 1–4
- ❑ 5 5–7
- ❑ 6 8–10
- ❑ 7 11–14
- ❑ 8 15–17
- ❑ 9 18–21
- ❑ 10 22–24

Richter

- ❑ 11 1–3
- ❑ 12 4–6
- ❑ 13 7–9
- ❑ 14 10–12
- ❑ 15 13–15
- ❑ 16 16–18
- ❑ 17 19–21
- ❑ 18 **Ruth**

1. Samuel

- ❑ 19 1–3
- ❑ 20 4–6
- ❑ 21 7–9
- ❑ 22 10–12
- ❑ 23 13–14
- ❑ 24 15–16
- ❑ 25 17–18
- ❑ 26 19–20
- ❑ 27 21–23
- ❑ 28 24–26
- ❑ 29 27–29
- ❑ 30 30–31

2. Samuel

- ❑ 31 1–3

April

- ❑ 1 4–6
- ❑ 2 7–10
- ❑ 3 11–13
- ❑ 4 14–15
- ❑ 5 16–17
- ❑ 6 18–20
- ❑ 7 21–22
- ❑ 8 23–24

1. Könige

- ❑ 9 1–2
- ❑ 10 3–5
- ❑ 11 6–7
- ❑ 12 8–9
- ❑ 13 10–12
- ❑ 14 13–15
- ❑ 15 16–18
- ❑ 16 19–20
- ❑ 17 21–22

2. Könige

- ❑ 18 1–3
- ❑ 19 4–6
- ❑ 20 7–8
- ❑ 21 9–11
- ❑ 22 12–14
- ❑ 23 15–17
- ❑ 24 18–19
- ❑ 25 20–22
- ❑ 26 23–25

1. Chronik

- ❑ 27 1–2
- ❑ 28 3–5
- ❑ 29 6–7
- ❑ 30 8–10

Mai

❑ 1 11–13
❑ 2 14–16
❑ 3 17–19
❑ 4 20–22
❑ 5 23–25
❑ 6 26–27
❑ 7 28–29

2. Chronik

❑ 8 1–4
❑ 9 5–7
❑ 10 8–10
❑ 11 11–14
❑ 12 15–18
❑ 13 19–21
❑ 14 22–25
❑ 15 26–28
❑ 16 29–31
❑ 17 32–33
❑ 18 34–36

Esra

❑ 19 1–4
❑ 20 5–7
❑ 21 8–10

Nehemia

❑ 22 1–3
❑ 23 4–7
❑ 24 8–10
❑ 25 11–13

Esther

❑ 26 1–3
❑ 27 4–7
❑ 28 8–10

Hiob

❑ 29 1–4
❑ 30 5–8
❑ 31 9–12

Juni

❑ 1 13–16
❑ 2 17–20
❑ 3 21–24
❑ 4 25–30
❑ 5 31–34
❑ 6 35–38
❑ 7 39–42

Psalmen

❑ 8 1–8
❑ 9 9–17
❑ 10 18–21
❑ 11 22–28
❑ 12 29–34
❑ 13 35–39
❑ 14 40–44
❑ 15 45–50
❑ 16 51–56
❑ 17 57–63
❑ 18 64–69
❑ 19 70–74
❑ 20 75–78
❑ 21 79–85
❑ 22 86–90
❑ 23 91–98
❑ 24 99–104
❑ 25 105–107
❑ 26 108–113
❑ 27 114–118
❑ 28 119
❑ 29 120–134
❑ 30 135–142

Juli

❑ 1 143–150

Sprüche

❑ 2 1–3
❑ 3 4–7
❑ 4 8–11
❑ 5 12–15
❑ 6 16–18
❑ 7 19–21
❑ 8 22–24
❑ 9 25–28
❑ 10 29–31

Prediger

❑ 11 1–4
❑ 12 5–8
❑ 13 9–12

Hohelied

❑ 14 1–4
❑ 15 5–8

Jesaja

❑ 16 1–4
❑ 17 5–8
❑ 18 9–12
❑ 19 13–15
❑ 20 16–20
❑ 21 21–24
❑ 22 25–28
❑ 23 29–32
❑ 24 33–36
❑ 25 37–40
❑ 26 41–43
❑ 27 44–46
❑ 28 47–49
❑ 29 50–52
❑ 30 53–56
❑ 31 57–60

August

❑ 1 61–63
❑ 2 64–66

Jeremia

❑ 3 1–3
❑ 4 4–6
❑ 5 7–9
❑ 6 10–12
❑ 7 13–15
❑ 8 16–19
❑ 9 20–22
❑ 10 23–25
❑ 11 26–29
❑ 12 30–31
❑ 13 32–34
❑ 14 35–37
❑ 15 38–40
❑ 16 41–44
❑ 17 45–48
❑ 18 49–50
❑ 19 51–52

Klagelieder

❑ 20 1–2
❑ 21 3–5

Hesekiel

❑ 22 1–4
❑ 23 5–8
❑ 24 9–12
❑ 25 13–15
❑ 26 16–17
❑ 27 18–20
❑ 28 21–23
❑ 29 24–26
❑ 30 27–29
❑ 31 30–31

September

❑ 1 32–33
❑ 2 34–36
❑ 3 37–39
❑ 4 40–42
❑ 5 43–45
❑ 6 46–48

Daniel

❑ 7 1–2
❑ 8 3–4
❑ 9 5–6
❑ 10 7–9
❑ 11 10–12

Hosea

❑ 12 1–4
❑ 13 5–9
❑ 14 10–14
❑ 15 **Joel**

Amos

❑ 16 1–4
❑ 17 5–9
❑ 18 **Obadja + Jona**

Micha

❑ 19 1–4
❑ 20 5–7
❑ 21 **Nahum**
❑ 22 **Habakuk**
❑ 23 **Zefanja**
❑ 24 **Haggai**

Sacharja

❑ 25 1–4
❑ 26 5–9
❑ 27 10–14
❑ 28 **Maleachi**

Matthäus

❑ 29 1–4
❑ 30 5–7

Oktober

❑ 1 8–9
❑ 2 10–11
❑ 3 12–13
❑ 4 14–16
❑ 5 17–18
❑ 6 19–20
❑ 7 21–22
❑ 8 23–24
❑ 9 25–26
❑ 10 27–28

Markus

❑ 11 1–3
❑ 12 4–5
❑ 13 6–7
❑ 14 8–9
❑ 15 10–11
❑ 16 12–13
❑ 17 14
❑ 18 15–16

Lukas

❑ 19 1–2
❑ 20 3–4
❑ 21 5–6
❑ 22 7–8
❑ 23 9–10
❑ 24 11–12
❑ 25 13–14
❑ 26 15–16
❑ 27 17–18
❑ 28 19–20
❑ 29 21–22

❑ 30 23–24
Johannes
❑ 31 1–3

November
❑ 1 4–5
❑ 2 6–7
❑ 3 8–9
❑ 4 10–11
❑ 5 12–13
❑ 6 14–16
❑ 7 17–19
❑ 8 20–21
Apostelgeschichte
❑ 9 1–3
❑ 10 4–5
❑ 11 6–7
❑ 12 8–9
❑ 13 10–11
❑ 14 12–13
❑ 15 14–15
❑ 16 16–17
❑ 17 18–19
❑ 18 20–21
❑ 19 22–23
❑ 20 24–26
❑ 21 27–28
Römer
❑ 22 1–3
❑ 23 4–6
❑ 24 7–8
❑ 25 9–11
❑ 26 12–13
❑ 27 14–16
1. Korinther
❑ 28 1–4
❑ 29 5–7
❑ 30 8–10

Dezember
❑ 1 11–13
❑ 2 14–16
2. Korinther
❑ 3 1–4
❑ 4 5–9
❑ 5 10–13
Galater
❑ 6 1–3
❑ 7 4–6
Epheser
❑ 8 1–3
❑ 9 4–6
❑ 10 **Philipper**
❑ 11 **Kolosser**
❑ 12 **1. Thessalonicher**
❑ 13 **2. Thessalonicher**
❑ 14 **1. Timotheus**
❑ 15 **2. Timotheus**
❑ 16 **Titus + Philemon**
Hebräer
❑ 17 1–4
❑ 18 5–8
❑ 19 9–10
❑ 20 11–13
❑ 21 **Jakobus**
❑ 22 **1. Petrus**
❑ 23 **2. Petrus**
❑ 24 **1. Johannes**
❑ 25 **2.+3. Joh. + Judas**

	Offenbarung
❑ 26	1–3
❑ 27	4–8
❑ 28	9–12
❑ 29	13–16
❑ 30	17–19
❑ 31	20–22